经济管理学术文库·管理类

"三权分置"制度背景下
农地经营权流转与抵押的合约选择研究

On Contract Choices for Transfer and Mortgage of
Rural Land Management Rights Under "The Separation of
Three Forms of Rights to Rural Land" System

王　岩／著

经济管理出版社
ECONOMY & MANAGEMENT PUBLISHING HOUSE

图书在版编目（CIP）数据

"三权分置"制度背景下农地经营权流转与抵押的合约选择研究/王岩著 . —北京：经济管理出版社，2022.8

ISBN 978-7-5096-8462-7

Ⅰ.①三… Ⅱ.①王… Ⅲ.①农业用地—土地流转—研究—中国 ②农业用地—抵押贷款—研究—中国 Ⅳ.①F321.1②F832.43

中国版本图书馆 CIP 数据核字（2022）第 090795 号

组稿编辑：张巧梅
责任编辑：张巧梅　白　毅
责任印制：黄章平
责任校对：陈　颖

出版发行：经济管理出版社
　　　　　（北京市海淀区北蜂窝 8 号中雅大厦 A 座 11 层　100038）
网　　址：www. E-mp. com. cn
电　　话：（010）51915602
印　　刷：唐山玺诚印务有限公司
经　　销：新华书店
开　　本：720mm×1000mm/16
印　　张：12
字　　数：148 千字
版　　次：2022 年 8 月第 1 版　　2022 年 8 月第 1 次印刷
书　　号：ISBN 978-7-5096-8462-7
定　　价：88.00 元

前　言

　　"三农"问题是困扰我国经济发展的突出难题，其核心是农地产权的制度安排问题。改革开放以来，以家庭联产承包责任制为基本经营形式的农地制度有效地激励了农民的生产积极性并提高了农业生产率，为释放生产活力、增加农民收入提供了重要的制度保障。但随着家庭承包责任制潜力消耗殆尽，其内含的土地细碎化、资源配置效率不足与生产效率较低等弊端逐渐显化。解决上述问题要靠农业现代化，而当前农业现代化面临着资金投入不足与信贷束缚的困境。不难看出，促进我国农业发展与农民增收存在土地细碎化与资金约束的双重障碍。解决细碎化要靠农地合理有序流转来完成；而破解资金约束需盘活农村沉睡的土地资产，借助农地经营权抵押来实现。农地"三权分置"制度改革的政策目标主要有两个：①实现承包权与经营权的分置；②放活经营权。一方面，在充分保障集体所有权与农户承包权条件下，通过承包权与经营权分置，有利于农地流转的实现；另一方面，从经营权中活化出抵押权，通过赋予土地经营权以抵押、担保之权能，有利于破解农业经营融资难题。因此，农地"三权分置"制度改革主要是为了有效实现农地经营权流转与抵押的双重诉求。

　　无论是流转还是抵押，将交易双方衔接起来的纽带则是合约，合约是双方意愿一致而在相互间产生法律关系的一种约定，可增加合作剩余，合约作为流转及抵押过程中的重要载体，构成了交易行为的有机组成部分。新制度经济学认为合约作为一种具体的制度安排，其意义体现为缔约双方选择怎样的合约及合约能否有效执行。

在农地流转时，现实情况是否与现代合约经济学认为的书面正式合约、长期合约以及市场化租金的合约能够提高合约稳定程度、降低交易费用、减少履约风险相一致？又是什么原因导致缔约双方在农地流转时选择口头、短期及象征性租金的合约，而双方又在何种情境下倾向于采用书面正式、长期及市场化租金的合约？政府在农地流转合约选择中发挥怎样的作用？其背后的机理又是什么？在"三权分置"制度改革的现实背景下，深化对农地流转合约选择及其机理的理解，有助于丰富合约及其治理理论，为促进农地要素市场发育提供参考，具有较强的理论意义和实践价值。农地流转、适度规模经营及农业现代化需大量资金支持，为破解农业经营融资难题，对农地抵押问题进行研究显得尤为必要。现有文献基于合约分类视角进行研究的较少，但现实中作为抵押物的农地经营权存在农户主体及规模经营主体的差异，两类主体在农地抵押时均面临市场合约与组织合约两种方式的选择，那么不同主体究竟与何种合约方式进行匹配，才能更有助于破解农业经营融资难题，从而更好地实现农地抵押呢？对该问题的研究无疑有助于完善农地抵押的实践探索。

对合约问题进行研究的要义在于如何针对流转及抵押中存在的现实问题进行制度的设计并得出未来改革的启示。本书将按照"'三权分置'制度背景下农地经营权流转的合约选择—'三权分置'制度背景下农地经营权抵押的合约选择—制度设计与改革启示"这一分析框架展开论述。首先，通过对调研地区农地流转的现状进行分析，认为当前农地流转范围过小且主要发生于熟人社会内部，合约呈现口头非正式、短期及象征性租金的特征，经营权与承包权分置程度较低，不利于农业现代化和要素市场化的实现，为此要解决如何促使流转范围突破熟人社会边界的问题，本部分试图探讨基于关系治理而呈现为差序治理及其格局下对农地流转合约选择的影响，并探讨政府介入对合约选择影响的作用机理，检验政府介入能否打破差序治理，从而使差序治理向市场治理方向转变。其次，随着农地流转、适度规模经营的推进，当前农业现代化面临着资金投入不足与信贷束缚的困境，在"三权分置"制度改革背景下，随着农地经营权的活化，不同农业经营主体对实现农地抵押贷款的诉求与日俱增，为破解农业融资难题，本部分基于市场与组织合约的分类视角，剖析农地经营权主体差异与农地抵押方式选择，旨在解决农户主体与规模经营主体对于抵押合约的选择匹配问题，剖析不同贷款主体选择何种合约形式有利于实现农地抵押。最后，在"三权分置"背景下进行制度设计，在总结前述两部分研究的经验及存在问题的基础上，着重探讨如何通过农地经营权流转、抵押从而更有效地实现"三权分置"制度的政策目标。在此基础上，简要讨论未来改革的可能方向，借此提出当前农地产权结构改革背景下的理论与实践启示。本书各部分的主要研究结论如下：

（1）差序治理对农地经营权流转合约选择的影响受治理情境约束，政府介入流转有助于打破差序治理格局。在农地流转中，农户对合约的选择受其与各交易主体之间关联程度的制约，是差序治理的结果。理论剖析显示：①在弱关系治理情境下，农户倾向于选择书面正式、长期及趋于市场化租金的合约；而在强关系治理情境下，农户则趋向于选择口头非正式、短期及象征性租金的合约。②政府介入农地流转有助于破除差序治理格局并促使其向市场治理方向转变。本书借助江西、辽宁两省 1628 户农户（其中979户参与流转）的实地调研数据，结合数据描述性统计及计量模型的实证检验证实了上述理论假设。

（2）农地抵押中存在直接与间接定价的方式差异，农户作为抵押主体时采用组织合约的方式更有优势；规模主体作为抵押主体时采用市场合约的方式更易获得贷款。当农地经营权人为承包权人时，此时抵押多为小农户行为，因小农户的高异质性、农地细碎化的地理专用性和农户成员权的不可变动性，金融机构面临抵押物的处置风险，所以需引入一个中间组织以降低抵押中的定价费用，确保农户的贷款主体资质及抵押物能有效处置。当农户作为抵押主体时，同心案例对应的组织合约下呈现出的贷款金额所占土地经营权认定价值的比例、贷款期限、风险防范及监督机制、市场化程度、贷款利息率等方面的特征要比平罗案例对应的市场合约下这些方面特征的呈现更有优势。

当农地经营权人为非承包权人时，因两者的分离需借助流转，而流转可解决以农户为单位所面临的农地均分约束。因此，当规模经营主体进行抵押时，通过直接与金融机构谈判，可减少交易环节、节约交易费用。当规模经营主体作为抵押主体时，明溪案例对应的市场合约下呈现出的贷款金额所占农地经营权认定价值的比例、贷款期限、风险分担及违约处置机制、申请担保的交易成本、获得贷款难易程度等方面的特征要比枣庄案例对应的组织合约下这些特征的呈现更具优势。

（3）针对上述农地经营权流转与抵押合约选择的研究结论进行制度设计，并指出农地股份专业合作社是未来"三权分置"改革一个可能的方向。本书针对农地流转合约选择中存在的差序现象及政府介入的"度"等问题展开讨论并进行制度设计，为探究农地抵押合约选择中农户与规模经营这两类主体在抵押时如何更好地通过合约匹配实现抵押进行制度设计。本书指出农地股份专业合作社是有效兼顾流转与抵押的载体，是未来"三权分置"制度改革的一个可能方向。

由此结合上述研究结论，可从以下方面进行制度设计：①尊重熟人社会和乡土情境中差序格局下农民对农地流转合约选择的意愿及决策；②在制定和实施农地流转政策、推动差序治理向市场治理转变的进程中，应充分考虑不同地区地域特征与经济社会发展水平的差异；③规范政府行为，减少行政干预，明确界定政府职能边界，警惕公共政策执行中的异化现象；④继续放松产权管制，从法律上赋予农地经营权抵押的权能；⑤政府在制定农地抵押的相关政策时，要充分考虑到抵押主体的差异性，采取差别化的政策支持农户与规模经营主体这两类抵押主体。

目　录

第一章 绪 论

本章首先简单阐述本书的研究背景和研究意义，其次指出研究目标和主要研究问题，再次概括介绍主要研究方法、技术路线以及数据来源，最后指出本书的创新点和不足之处。

第一节 研究背景及意义

一、研究背景

"三农"问题是困扰我国经济发展的突出难题，其中的核心是农地产权的制度安排问题。农村土地制度几经改革和变迁，1978 年发轫于安徽省凤阳县小岗村的家庭联产承包责任制揭开了农村土地改革的新篇章，不仅调动了广大农民的积极性，更带动了整个国家逐步驶入快速发展的轨道，在家庭联产承包责任制确立后经济绩效得以彰显[①]。这次历史性制度改革的主

[①] 1979~1984 年，我国农业总产值增长了 355.4%，5 年间平均每年实现 7.9%的增幅。仅 1979~1984 年，粮食增产就达到了 1 亿吨。1949 年农民人均纯收入为 64 元，1978 年比 1949 年增加了 70 元，达到了 134 元，而承包责任制确立并实施仅过了 5 年，农民人均收入就增加了 176.2 元。

要成就在于赋予了农民生产自主权、收益索取权，由此诱发的土地和劳动生产效率的提高是改革开放初期农业持续高速增长的首要原因（黄季焜，2008；Lin，1992）。但随着家庭承包责任制潜力消耗殆尽，这种所有权结构设计上表现出的高度平均主义制度安排（Brandtefa，2002）与市场经济发展之间的矛盾日益凸显：一家一户分散经营与现代市场需求不协调，地块分割过碎与发展现代农业相冲突（刘守英等，2017；韦森，2012；许庆等，2011；Tan et al.，2006）。由于地界的增多，这种小规模的细碎化经营浪费土地、降低灌溉效率，以及给农户带来经营管理上的不便。随着经济的发展，这种在资源配置上的低效性已经越来越无法适应以市场化、规模化、信息化为主要特征的现代农业发展要求。那么，现阶段如何将一家一户极其细小的家庭农业经营改造为适合现代农业发展的规模农业，从而抑制土地分割细碎化，推动适度规模经营，就成为中国农业现代化进程中最为棘手的问题（王小映，2016；陈小君，2012）。解决上述细碎化等问题要靠农业现代化及适度规模经营，而当前农业现代化面临着资金投入不足与信贷束缚的困境①，如此巨大的资金缺口如何解决？

因此，不难看出，促进我国农业发展与农民增收存在土地细碎化与资金约束的双重障碍。解决农村土地细碎化问题要靠农地经营权合理有序流转来完成；而破解资金约束需盘活农村沉睡的土地资产，借助农地经营权抵押来实现，土地作为农民的最大财富，其经济价值越来越受到人们的重视，农民对于实现土地财产权的诉求也越来越强烈，体现如下：从重视土地承包经营权的稳定性到重视土地产权的明晰性和完备性，再到重视土地

---

① 当前，我国农业进入"高投入、高成本、高风险"的发展时期，农业发展遭遇融资难题，截至 2010 年，农户贷款占全部信贷余额只有 5.1%，这个数字，几乎 20 年没有变化。国务院农村综合改革工作小组办公室课题组的研究表明，2009~2020 年中长期农业信贷缺口年平均为 4017.09亿元。

财产权的权利内涵和经济价值属性。在实现土地经济价值时，以农地经营权抵押贷款来解决"三农"发展的资金短缺问题是一种有效的方式。

但是从现实考察来看，大量的经验证据表明，农村土地流转率依然偏低（罗必良，2020；姚洋，2004；刘守英等，2017），土地流转市场仍然不活跃（丰雷等，2020；张红宇等，2002）。农业部调查数据表明，2006 年全国农村承包经营土地流转 5551.2 万亩，仅占家庭承包耕地面积的 4.57%；截至 2007 年，这一比例提高到 5.2%，但流转面积占家庭承包耕地面积比重较高的前 10 个省份中，有 6 个属于东部地区，而较低的 10 个省份全在中西部地区，且农地流转主要发生于熟人社会内部。截至 2018 年底，全国承包耕地流转面积为 5.3 亿亩，虽然近年来农地流转面积不断扩大，但随着我国农村劳动力的外流，农地流转规模与农地现代化及要素市场化的内在要求还存在较大差距。

受法律限制，农村土地经营权抵押一直是个禁区。因为在特定的发展阶段，农地对于农村居民具有生存保障功能，故国家一直没有放开农地抵押。除此之外，农地规模小、"同地不同权"情况下农村土地比城市土地价值低、农地对农民具有生存保障功能、抵押后权利赎回难度大等原因也导致了金融机构具有较低意愿向农民供给以农地经营权为抵押标的物的贷款（林乐芬等，2015；王兴稳等，2007；于丽红等，2013；兰庆高等，2013）。

在新形势下，"三农"问题备受党中央的重视。2013 年党的十八届三中全会明确提出：稳定农村土地承包关系并保持长久不变，在坚持和完善最严格的耕地保护制度前提下，赋予农民对承包地占有、使用、收益、流转及承包经营权抵押、担保权能，允许农民以承包经营权入股发展农业产业化经营。鼓励经营权在公开市场上向专业大户、家庭农场、农民合作社、农业企业流转，并发展多种形式规模经营。2014 年中共中央通过的《关于引导农村土地经营权有序流转发展农业适度规模经营的意见》，推动我国农村土地制度深化改革，在坚持农业土地集体所有的基础上实现所有权、承包权、经营权"三权分置"，引导土地经营权有序流转。2016 年，中共中央办公厅《关于完善农村土地所有权承包权经营权分置办法的意见》系统阐释了农村土地集体所有权、农户承包权、土地经营权"三权"分置这一农村改革的重大创新，为进一步活化农地经营权、促进农地流转市场发育提供了政策依据。结合中央确立"三权分置"制度的政策含义，现代产权理论和物权理论与中国农村土地产权、物权的历史演变，"三权分置"是指在坚持农村土地集体所有制的基础上，尊重农村人地不断分离的现实，将土地承包经营权中能够进行市场交易、具有使用价值和交换价值的权能分离出来形成土地经营权，使土地承包经营权分置为农户承包权与土地经营权这两种独立权利形态，促使原来的农村土地集体所有权、土地承包经营权的"二元产权结构"转变为集体所有权、农户承包权和土地经营权的"三元产权结构"，以更有效地实现集体土地政治治理功能、社会保障功能和经济效用功能的现代农村土地产权制度（陈小君等，2020；陈金涛等，2016；叶兴庆，2014；高圣平，2016）。

农地"三权分置"制度改革的主要政策目标有两个：一是承包权与经营权的分置（借助流转实现），二是经营权的活化（借助抵押实现）。一方面，在充分保障集体所有权与农户承包权条件下，承包农户把农地经营权转给他人或主体耕种，有利于农地流转的实现。另一方面，从经营权中活化出抵押权，通过赋予土地经营权以抵押、担保之权能，允许土地经营权人以土地经营权向金融机构抵押贷款，以实现农地的交换价值，进而破解农业经营融资难题。不难看出，农地"三权分置"制度改革的政策目标主要是有效实现农地流转与抵押的双重诉求。无论是对于农地经营权流转还是对于抵押，合约作为衔接交易双方的纽带，是交易双方意愿达成一致的约定，有助于交易风险的降低以及收益的实现，合约的选择能够对利益相关者的合作预期及权益保障产生重要影响。

对于农地经营权流转的合约选择而言，一方面，当前我国农地流转中选择的合约更多地表现出口头非正式、短期化特质，显然与现代合约理论所述的书面正式、长期及市场化租金的合约发展趋势不相契合，而对于其潜在原因及背后机理，现有研究尚未作出有力回答。另一方面，由于农地流转过程中有着不同的交易对象（如亲友、同村农户、外村农户、规模主体等），亦即农地经营权随着交易对象的不同而发生分置的环境存在差异，而分置环境的差异又会影响流转缔约行为的不同，不同流转交易主体产生的承包权与经营权分置环境的差异在合约上体现为一种"差序治理"的特征。随着农村经济社会的发展，基于关系亲疏而呈现出的差序格局现象能否一直存续？是否有瓦解迹象？如果会瓦解，又是什么因素所致？关于这些问题，当前研究也鲜有涉及。因此，深化对农户农地流转合约选择及其机理的理解，有助于丰富合约理论，为促进农村土地要素市场发育提供参考。

对于农地经营权抵押的合约选择而言，根据农地经营权主体是否与农地承包权人相一致，而将农地经营权抵押主体区分为合一的普通小农户和分离的规模经营主体两类。同时，在实践开展过程中，可以发现一些地区的贷款人能够将农地经营权作为抵押物直接向金融机构融资，而另一些地区的贷款人与金融机构不直接发生抵押关系，必须通过借贷双方之外的第三方主体[①]（如行业协会、基金会、专业合作社以及反担保机构）介入对农

---

① 需要界定的是，本书所指的间接抵押均有借贷双方之外的第三方介入，这里第三方指贯穿于农地经营权抵押过程始终、对农地经营权抵押起决定性作用的具有信息收集与定价功能的机构或组织，只在农地抵押实现过程中某个环节发挥中介作用的机构（如价值评估机构）的介入不能左右对抵押（合约）方式的界定。

地经营权作出担保方可进行抵押。现有文献多从法律角度入手探讨农地抵押的可行性及法律突破，基于合约分类视角的研究较少，更缺乏对农地抵押主体差异与合约选择联系起来的分析。虽然有部分学者关注到了农地经营权抵押主体之间存在差异（曹瓅等，2019；罗剑朝等，2015；汪险生等，2014），但却忽视了这种差异所带来的主体对信息收集与定价费用的不同，以及由此所造成抵押方式中的合约选择差异（李宁等，2016）。那么，在农地经营权抵押过程中，作为抵押物的农地经营权既然存在主体上的差异，这种差异又会对抵押的合约优化选择造成怎样的影响？不同主体选择何种合约从而更有利于获得抵押贷款呢？已有文献鲜有涉及此类问题，但其却是对现实中的农地抵押模式探索具有重要的理论与实践意义。

为此，本书旨在"三权分置"制度改革的背景下，立足"三权分置"制度改革的目标（承包权与经营权的分置、经营权活化）着重探讨农地经营权流转与抵押的合约选择问题，并在此基础上进行制度设计，探讨如何通过农地经营权流转、抵押来更有效地实现"三权分置"制度改革的政策目标。

二、研究意义

本书研究意义主要体现在以下三方面：

第一，在"三权分置"制度背景下，流转与抵押是农地经营权的两种重要处置形式，通过对农地经营权流转及抵押问题进行分析探讨，有助于实现农业现代化、适度规模经营及破解农业融资难题。农地"三权分置"制度改革的政策目标主要是有效实现农地流转（通过农地流转实现承包权与经营权的分置）与抵押（通过抵押实现经营权活化）的双重诉求。因此，研究农地经营权流转与抵押问题，契合了"三权分置"制度改革的内在要求，具有较强的应用价值。

第二，借鉴新制度经济学的产权及合约理论分析范式，同时引入社会学领域的差序治理等理论研究合约选择及其治理的问题，有利于丰富农地经营权流转及合约的理论体系，以及增强理论的前瞻性。当前，在农地流转的研究方面，既有学者从法学角度出发对农地权属关系等问题进行研究，也有学者从人类学的角度出发对人地关系变迁等方面进行研究，还有学者从地理学的角度出发对农地流转进行探讨等。从农村土地经营权流转的经济学视角来看，更多的是基于新古典经济学的视角进行解释和经验考察，因此将社会学领域差序治理与经济学研究中的合约等理论结合起来研究农村土地经营权流转的问题具有较高的理论价值。

第三，通过对农地经营权抵押合约安排的案例进行考察，有利于强化对农村土地金融市场的现实指导，以及增强政策的可操作性。本书通过对典型案例的考察和总结，比较分析农户及规模经营主体两类经营权抵押主体在抵押方式中存在的差异与共性，阐述如何通过合约优化来推动农地经营权抵押进程，不仅有助于完善农地抵押贷款的运行机制，还能为其他地区推行农地抵押贷款提供重要参考，从而有利于增强政策制定的针对性和可操作性。

第二节 研究目标及主要研究问题

一、研究目标

本书总体研究目标是在"三权分置"制度改革的背景之下，对农地经营权流转合约、抵押合约的选择问题进行研究，在此基础上通过制度设计来探讨如何更好地通过农地经营权流转及抵押以实现"三权分置"的政策目标，并进一步得出对当前农地"三权分置"制度改革的启示。

以上述总目标为导向，全书具体研究分目标有以下三个：

（1）在"三权分置"制度背景下，通过流转的方式可以有效实现承包权与经营权的分置，在对农地经营权流转的微观基础农户进行入户调研的基础上，形成翔实可靠的一手田野调查数据，从我国农村特定的文化背景出发，针对不同的流转交易对象，探讨农地流转合约选择的问题。

（2）随着农地经营权流转的推进以及农地经营权的活化，不同农业经营主体对实现农地抵押的诉求与日俱增，为破解农业经营融资难题，需着重对农地经营权抵押问题进行分析。立足农户和规模经营主体这两类贷款主体，针对农地抵押中的合约选择问题进行剖析，以便为每类贷款主体如何更好地通过合约匹配从而有效实现抵押提供借鉴。

（3）在对前述两部分（农地经营权流转合约选择、农地经营权抵押合约选择）结论及存在问题进行总结的基础上，进行制度设计，以探讨如何更好地通过农地经营权流转及抵押以实现"三权分置"改革的政策目标，并进一步探讨通过怎样的流转形式与合约安排能够同时兼顾农地经营权流转和抵押的有效实现，并通过合约的优化来推动农地经营权流转与抵押的进程，得出对当前农地"三权分置"制度改革的启示。

二、主要研究问题

本书围绕"三权分置"制度背景下农地经营权流转与抵押的合约选择问题展开，在具体的逻辑中，将着重关注以下几个问题：

（1）因在农地流转过程中具有不同的交易对象（如亲友、同村农户、外村农户、规模主体等），经营权的分置环境存在差异，即在农地经营权流转缔约决策中存在差序治理的现象，又因政府肩负着农地流转规则制定与完善、促进流转合约规范化等职能，因此本书着重讨论差序治理、政府介入对农地经营权流转合约选择的影响。

（2）随着经营权活化，农地流转、适度规模经营以及农业现代化的实现需要资金的支持。为解决不同农业经营主体（农户、规模经营主体等）的融资需求，本书重点剖析农地经营权主体的差异与抵押合约的选择匹配问题。

（3）基于上述两个问题研究，本书进行制度的设计，着重探讨如何通过农地经营权流转、抵押从而更有效地实现"三权分置"制度改革的政策目标，并简要讨论未来改革的可能方向，借此回答当前农地产权结构改革背景下的理论与实践启示。

三、全书结构

围绕上述研究目标和研究内容，全书章节安排如下：

第一章，绪论。作为全书的引领章节，本章主要阐述研究背景与意义，明确全书的研究目标与主要研究问题，厘清全书框架结构和主要研究方法，并指出本书的创新点和不足之处。

第二章，文献回顾、概念界定与理论基础。本章通过对国内外关于农地经营权流转及抵押的研究成果进行系统回顾与总结，并进行简单述评，以期为全书理论框架的构建及研究方法选择提供借鉴参考。同时，本章还对核心概念进行了界定，以限定全书分析范围，并对所用到的理论进行了梳理。

第三章，"三权分置"制度背景下农地经营权流转与抵押合约选择的分析框架。立足"三权分置"政策目标，构建本书理论分析框架，以为后文实证研究提供理论参考。

第四章，本章以"差序治理"为切入点试图构建理论分析框架，借助对辽宁和江西两省入户进行调研的数据，通过描述性统计和模型实证检验，从农地转入与转出两方面探讨差序治理、政府介入对农地经营权流转合约方式、合约租金以及合约期限的影响程度及强度。

第五章，在"三权分置"制度背景下，经营权的活化是为了解决抵押问题。本部分基于市场与组织合约分类的视角，运用对比分析的方法对不同试点案例（宁夏同心、平罗，福建明溪，山东枣庄）存在的共性及差异性进行比较，探讨农地经营权主体存在的差异性及不同经营权主体下农地抵押合约方式的选择与匹配问题。

第六章，农地经营权流转及抵押的制度设计与改革启示。

第七章，主要研究结论与研究展望。

第三节　研究方法、技术路线与数据来源

一、研究方法

总体来看，本书主要运用的研究方法包括归纳与总结法、定量分析法及案例比较分析法。具体而言：

（1）归纳与总结法。该方法的运用体现在：一方面，文献研读。文献综述就是通过归纳已有涉及农地经营权流转、农地经营权抵押、产权、合约等方面的研究，总结并评述出有待进一步探索的方向，从而为本书提供部分的合理性依据。另一方面，本书对福建明溪、山东枣庄、宁夏同心与平罗、扬州市江都区真武粮食种植农地股份专业合作社等案例细节的把握及具体的分析本身就是归纳与总结法的运用。

（2）定量分析法。为保证检验结果的准确性和严谨性，在对"差序治理、政府介入与农地经营权流转合约选择"的研究中，本书借助对江西、辽宁两省农户调研数据的分析，采用了计量经济方法进行实证研究。

（3）案例比较分析法。案例比较分析法是进行实证研究的重要方法，其适合对现实中某个复杂和具体的问题进行全面和深入的考察。在对"农地经营权抵押合约选择——基于抵押主体的差异"这部分内容进行研究时，本书选取以农户为农地经营权抵押主体的宁夏同心与平罗、以规模经营主体为抵押主体的福建明溪与山东枣庄这两对典型案例，通过案例比较的方法，对农地经营权抵押从合约类型、生成机制、贷款操作流程、抵押物、融资机制、适用政策法规、产权交易机构、资产评估部门、价值评估方法、贷款限额、贷款期限、处置及风险分担机制、贷款难易以及市场化程度等方面进行对比分析，比较不同抵押方式之间的差异与共性，以期把握关键环节的设计，厘清不同模式的适用条件。

二、技术路线

"三权分置"农地产权制度改革主要是为了有效满足农地经营权流转与抵押的双重诉求，在这一背景下，第一，本书通过文献阅读以及其他资料的学习，提出研究议题，即"'三权分置'制度背景下农地经营权流转与抵押的合约选择研究"，并设计研究方案，同时构建本书的理论分析框架。第二，围绕研究议题，以"差序治理、政府介入与农地经营权流转合约选择"为题探讨农地经营权流转合约选择问题。第三，以"农地经营权抵押合约选择——基于抵押主体的差异"为题，剖析不同抵押主体对农地经营权抵押的合约选择与匹配。第四，在对农地经营权流转合约选择、农地经营权抵押合约选择进行研究之后，针对上述研究结论及存在的问题进行制度的设计，并简要讨论未来改革的可能方向。第五，全书主要研究结论与研究展望。

本书的技术路线如图 1-1 所示。

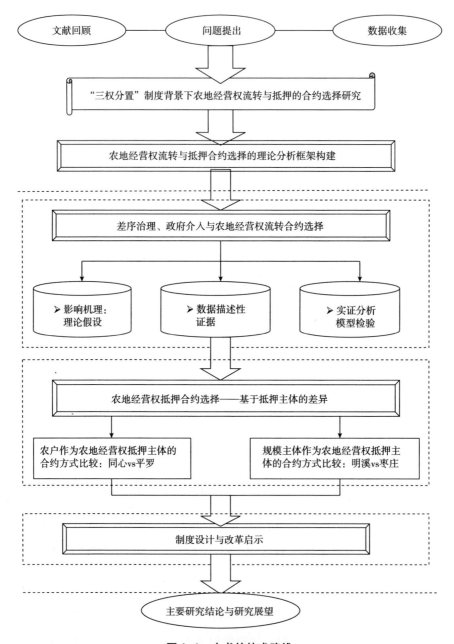

图 1-1 本书的技术路线

三、数据来源

总体来看，本书研究数据主要源于部门调研、农户入户调研、个案调研等不同层面。其中在农户层面，本书选取江西省丰城和遂川、辽宁省苏家屯和东港四地进行农户入户调研，样本选择依据在于上述地区在经济发展水平、农村劳动力转移、土地资源禀赋等方面都存在显著差异，有一定的代表性。在案例层面，本书选择福建明溪、山东枣庄、宁夏同心与平罗等具有一定代表性地区的农地抵押贷款案例。此外，还有新疆维吾尔自治区和田地区农地流转以及扬州市真武粮食种植农地股份专业合作社的案例，下文将具体阐述。

（一）部门调研

本书以访谈和收集数据、文件资料等形式对农业和土地管理部门进行调研，收集整理省、市、县出台的有关农地流转、抵押与农业规模经营方面的法规、条例、规章、制度和办法等文件资料，以及相关实践的总结分析报告。调研内容包括：区域社会经济发展水平、农村劳动力城乡流动规模、农地流转市场发育状况、流转中介组织建设、流转合约、土地类型和等级、农地抵押开展情况、农业规模经营主体类别、经营模式等。

（二）农户调研

本书的农户数据来自课题组 2015 年 1～8 月组织的对江西、辽宁两省的农户调研，此次调研围绕"农地流转、流转合约与农业规模经营"主题，在上述两省份各选择了两个县（区、市），其中在江西省选择了丰城市和遂川县，在辽宁省选择了东港市和苏家屯区，本次入户调研共涉及15 个乡镇、56 个行政村的 1700 多户农户，其中有效农户为 1628 户（江西省为 817 户，辽宁省为 811 户），参与流转农户为 979 户（519 户为转出户，460 户为转入户）。此次农户调研数据主要服务于本书的第四章内容，目的在于讨论差序治理、政府介入对本地区农地流转合约决策的影响。

样本代表性问题：为保证调研质量，本书根据地理位置、农地资源禀赋和区域代表性，选择了江西省和辽宁省两个调研点，主要是因为这两个地区的经济发展水平、地形地貌和土地制度的实施均存在明显的差异，易于考察农村地区差异化的土地流转特征。辽宁省苏家屯区和东港市以平原为主，江西省丰城市和遂川县以丘陵为主。苏家屯区位于沈阳市近郊，是介于城市与农村两者间错综复杂的地域综合体，在发展农业的过程中通过城市辐射作用为其带来优势，同时也面临被城市吞噬的压力；东港市属于丹东市管辖，地处东北亚、环渤海和环黄海三个经济圈的交会点，具有港口城市的特点。丰城市在行政辖区上属于宜春市，拥有耕地面积 124.44 万亩，名列江西省第一位，是典型的粮食主产区；遂川县位于江西省西南边陲，是吉安市面积最大、人口最多的县。因此，从本书选择的调研地点来讲，具有较强的代表性，研究结论可以为与上述区域具有相似特征的地区提供一定的参考借鉴价值。

（三）个案调研

本书考察研究区域的典型农地流转和抵押案例、合约选择等个案实践的主要做法、运行模式和特点，以及每个典型案例下地方政府、村集体经济组织、中介服务组织、农户、农业规模经营主体在流转与抵押过程中的具体缔约行为决策，为案例分析提供基础素材。这些案例主要服务于本书第五章内容，案例选择的目的在于说明农户及规模经营主体均面临市场合约与组织合约①两类合约的选择，至于两类主体选择何种合约较优则构成了第五章研究的重点内容。

之所以选择同心与平罗，是因为两地具有诸多相似之处，但在抵押合约选择上同心是以组织合约的方式进行抵押，而平罗则是以市场合约方式抵押，因此对同属于宁夏的这两个案例进行对比研究具有较强的代表性。具体而言，第一，同心与平罗同属宁夏回族自治区，地缘特征相似。第二，两地经济基础均较为薄弱，都属于经济发展较为落后的西部地区，劳动力转移不畅，农业人口比重较大、农民人均纯收入较低。第三，两地农地抵押融资实践均产生了良好的经济和社会效益，两地的实践探索成为在西部经济较为落后地区推动农地经营权抵押贷款实践进程的明证。第四，两地农业主导产业具有鲜明的特色以及良好的发展势头。同心以牛羊为特色的养殖业、平罗的水稻种植业在本地区均是有着较强竞争力和发展活力的主导产业，两地的农地抵押都紧紧依托其主导产业和上下游关联产业开展融资设计，推进抵押融资的延续性。第五，两地耕地资源较为丰富。

选取以规模经营主体为农地抵押主要服务对象的福建明溪与山东枣庄作为案例，同样因为两地具有一系列相似之处，但在抵押合约方式选择上，明溪采用了市场合约，而枣庄则为组织合约，因此对这两个案例进行对比具有较强的代表性和现实意义。第一，两地均位于我国东部经济较为发达的地区。第二，两地均组建了较为规范的农地产权交易平台。农地产权交易平台集农地流转价格信息获取、中介服务、价值变现及风险补偿等功能为一体，具有流转信息获取、价格发现等核心功能。第三，两地均订立了

---

① 在农地经营权抵押这一具体情境中，合约究竟是市场方式还是组织方式的主要判定标准，在于抵押双方（抵押人与抵押权人）是否发生抵押钱款的直接交易，当双方是直接"面对面"的抵押关系时，则为市场合约；当引入了对农地抵押起决定性作用的具有信息收集与定价功能的第三方主体时，则为组织合约。

一套较为严格的操作流程和规范标准，负责放款的相关金融机构也都订立了较为严格的融资贷款具体操作办法以防范风险的发生。

综上，上述农地抵押的案例具有一定的代表性，通过研究得出的结论能够为与选择案例具有相似地域特征的地区提供一定的参考借鉴。

本书第六章选择新疆维吾尔自治区和田地区的案例是为了对政府介入农地流转缔约决策的行为进行再次考察；而选取真武粮食种植农地股份专业合作社案例进行分析，主要服务于"三权分置"制度改革的思考这部分内容。

第四节　可能的创新与不足

一、可能的创新

在分析框架层面，"三权分置"下农地产权制度改革主要是为了有效满足农地经营权流转与抵押的双重诉求，流转与抵押是农地经营权最重要的两种处置形式，而现有研究主要是针对农地经营权流转或农地经营权抵押分别进行研究，较少有研究将二者统一起来纳入理论分析框架中。本书通过对"三权分置"政策目标（承包权与经营权分置、经营权活化）的剖析，将流转与抵押纳入一个理论分析框架之中，借此给出当前农地产权结构改革背景下的理论与实践启示，从分析框架上看具有一定创新。

在研究视角层面，对于农地经营权流转或抵押进行分别研究的文献较多，但将二者统一起来进行研究的文献较少，而通过合约这一视角对流转与抵押问题进行探讨的文献则更为鲜见。此外，本书从我国农村乡土社会情境出发，将社会学领域中的差序格局及其治理理论与经济学中的产权、合约理论有机联系起来，在研究视角上具有一定的创新价值。

在研究内容深度上，本书立足现阶段农村土地经营权流转与抵押的实践，将合约的内涵界定为合约方式、合约期限、合约租金。在农地经营权抵押方面，由于抵押合约涉及抵押标的物、抵押融资机制、抵押价值评估、贷款限额、贷款利息率、贷款期限、处置及风险分担机制、贷款难易以及市场化程度等诸多方面，故本书借鉴张五常的合约理论，按照直接定价及间接定价的不同定价机制，将合约通过抽象划分为市场合约与组织合约两类。因流转与抵押面临不同的合约分类体系，在"三权分置"制度改革启示部分试图借助农地股份专业合作社这一载体将流转与抵押衔接起来，并同时实现对流转合约与抵押合约的优化，这有利于丰富并完善合约及其治理理论，这也是实现"三权分置"政策目标的一种可能的发展方向，在研究内容深度上具有一定创新。

二、不足

在研究广度上，就农村土地内涵而言，其不仅包括农村耕地，还包括农村宅基地及建设用地。本书针对农地经营权的流转与抵押做探索性研究，在研究范围上讲只能算是对农村耕地流转与抵押这一个层次进行探讨。在新的时代背景下，将本书的研究范围拓展到宅基地及农村建设用地等领域，从更加宏观的视角考察农村土地流转和抵押进程中的合约选择及优化问题，进而上升到公共治理，这些还有待进一步的深入研究。

在微观层面的样本选择上，对于农地经营权流转合约的考察，本书选取辽宁、江西两省的两个县（区、市），微观层面的实证研究存在样本代表性不足的问题，选取的样本点能否代表本区域特征，值得进一步思考。对于农地经营权抵押合约的考察，本书在案例的选择层面，在对抵押案例选取时尽管已经努力在经济发展水平、地域特征、资源禀赋等条件较为相似的情境下遴选案例，但样本区域仍有待进一步扩大。除此之外，考虑到农地经营权抵押案例的典型性与代表性等问题，本书选择的抵押案例区和农地流转样本区域并不在一个地区，这也是本书存在的不足之处。

在研究的层次上，本书关注的是"三权分置"制度背景下农地经营权流转与抵押合约选择的行为，由于数据不足等原因，本书没有涉及农地经营权流转与抵押合约选择后的绩效分析，本书重点探讨了农地经营权流转合约与抵押合约选择过程中的影响因素及合约选择行为。

第二章 文献回顾、概念界定与理论基础

学者对农地流转及农地抵押等问题展开了持续广泛的研究，近年来随着农村土地"三权分置"制度改革的持续推进，研究者对农地"三权分置"进行了相应的研究，其丰富成果为后续的深入研究奠定了良好的基础，因此本章首先对已有文献进行回顾，并在此基础上进行简要综述。其次对主要概念进行内涵与外延的界定，主要包括承包权、经营权、合约、农地、农地经营权流转、农地经营权抵押等。最后基于所要展开的研究内容与过程，梳理本书用到的基础理论，主要包括合约理论、农户行为理论、差序治理理论、产权理论与交易费用等相关理论。

第一节 文献回顾

城乡统筹、"三农"问题的核心在土地问题上，焦点、难点、重点、分歧点也都在土地问题上（陈锡文，2014）。改革开放初期，在当时特定的历史条件下，选择小农小规模经营的家庭承包责任制有其历史意义，功不可

没。而从 20 世纪 90 年代至今，学者对家庭承包责任制的局限性展开了一系列研究，他们普遍认为，土地的平均分配阻碍了劳动力与土地、资本和技术等生产要素的优化配置；农地分散，规模狭小，制约了农业科技和农业机械化的推广应用，阻碍了农业现代化进程。生产要素的不可分性导致使用上的不经济现象，狭小规模严重使农业技术尤其是农业机械技术革新的成本相对过高，严重影响农业技术革新的直接经济效益（钱文荣等，2021；韩俊，2013），现行农地制度制约着农业现代化的发展（张安录，2020；盖国强，2011）。随着非农产业的发展和农村富余劳动力的流动，在非农产业收入产生的"拉力"和土地经营低收入产生的"推力"作用下，出现农地的自发流转现象。特别地，近年来推动农业现代化、土地适度规模经营的过程中，农业低迷条件下潜在的获利空间为工商企业、个体大户投资农业提供了机会，政府、工商资本、专业合作社和经营大户纷纷参与到农地流转中来，农地"流转热"饱受争议，其背后的经济理论、法律、社会学问题成为近年来学者研究的热点。随着农地流转、农业现代化和规模化的快速发展以及农业产业结构调整转型步伐的加快（胡新艳等，2016；黄贤金，2010），农户及规模主体对生产经营方面的资金需求明显增加，因此学者对农地产权抵押融资问题展开了一系列研究，但是，学界对农村产权抵押融资的可行性以及制度设计等问题仍存在争议。

学者对农地"三权分置"、农地流转、农地抵押展开了持续广泛的研究，其丰富成果为深入研究奠定了良好的基础。迄今为止，国内外学者有关农地"三权分置"、农地流转、农地抵押的研究文献不胜枚举，这些研究成果可以归纳为以下几方面：

一、农地"三权分置"相关研究

当前我国土地承包经营权制度面临两方面难题：一方面，土地承包经营权同时承载着乡村社会治理（农村基层民主与政治治理等）、经济发展乃至农村社会保障等覆盖范围极广的诸多职能，现有土地制度功能严重超载，人身依附特征明显（王岩，2020；潘俊，2014）；另一方面，承包经营权暗含的农村社会保障和经济职能难以兼得，二者具有内在冲突（高圣平，2016）。这是由于社会保障职能的存在使人身必须依附于土地，从公平的角度考虑，基于成员权身份获取的土地承包经营权必须在集体经济组织内部实现"人人皆有、均分持有"并限制农地流转范围，即使流转也是主要在熟人社会内部发生；但经济职能主要是从效率出发的，须促使承包经营权在更大范围内打破熟人社会中的束缚，破除人身依附，从而朝着市场化方向进行流转并实现适度规模经营，以追求规模效益。当下，总体来讲，我国农业现代化程度较低，规模经营能力较弱、市场竞争能力较差，其原因在于在承包权与经营权合一的情境下，农村社保和经济职能具有不可调和的内在矛盾（赵万一等，2014），而"三权分置"恰是为了解决上述矛盾而应运而生的（陶自祥，2019；楼建波，2016；刘守英等，2017；李长健等，2016）。

"三权分置"农村土地制度改革的基本方向在于"落实集体所有权、稳定农户承包权、放活土地经营权"。通过法理视角分析，农地承包经营权分置为承包权与经营权，其本质在于将具有物权性质的农户承包权和具有债权属性的农地经营权相分离（肖卫东等，2016；黄祖辉，2017），以更有效地建立具有集体土地政治治理功能、社会保障功能和经济效用功能的现代农村土地产权制度（朱道林，2017）。

从"三权分置"制度的内涵分析，农地经营权具有以下特征：①土地经营权是承包农户设定的、以土地承包经营权为标的的权利，但不得妨害土地承包经营权（叶兴庆，2014）。②土地经营权具有独立性和排他性。③土地经营权人具有获得土地经营权上的平等性与非身份性，无论是集体经济组织内部成员还是规模经营主体都可获得。④土地经营权流转具有约定期限，并且不得超过剩余的两轮承包期限。⑤土地经营权人能够利用土地经营权设定抵押、担保，实现融资目的。

农户承包权一方面体现了承包土地的权利资格，另一方面因为部分权能让渡于土地经营权而具有新的权利内容（潘俊，2014；李国强，2015）。在"两权分离"模式下，农村集体享有土地所有权，农户享有承包经营权。土地承包经营权是承包权和经营权的混合体。承包权属于成员权，只有集体成员才有资格拥有，具有明显的社区封闭性和不可交易性。经营权属于财产权，能够通过市场化的方式配置给有能力的人，具有明显的开放性和可交易性。随着经济社会的不断发展，人地矛盾日益突出，农地的承包主体同经营主体正在呈现出逐步分离的趋势。当下，在中央已明确农地"三权分置"制度改革方向的背景下，实行"三权分置"的关键在于清晰确定"三权分置"的内涵，亦即合理界定集体所有权、农户承包权与土地经营权的权能范围及边界，尤其是农民集体和承包农户在承包土地中、承包农户和经营主体在土地流转中的权利边界及相互权利关系。

承包权与经营权的分置可以同时兼顾效率与公平的原则，与承包经营权合一时具有很强的人身依附截然不同，其促使土地经营权流转范围得以突破熟人社会边界，逐渐走向市场化，随着涉农企业、农民专业合作社、家庭农场等新型规模主体的发展壮大，农地流动范围也在日益扩大，并为农地流转方式提供了多样化的选择。"三权分置"制度改革的目标是破解"地由谁种"以及"怎么种地"的难题（李宁等，2016），其关键在于放活经营权。活化土地经营权可从以下两个方面理解：一方面，在充分保障农村集体所有权与农户承包权的条件下，承包农户把农地经营权转给他人或主体耕种，从而扩大"耕者"范围，实现"地尽其用"，充分挖掘农地使用价值（陈胜祥，2017）。而在"三权分置"制度情境下，原始承包农户、家庭农场、大户、合作社、涉农企业等新型规模经营主体构成了现代的"耕者"，这是农业生产和经营方式的创新（张晓平等，2017）。另一方面，从经营权中活化出抵押权，通过赋予土地经营权以抵押、担保之权能，允许土地经营权人以土地经营权向银行等金融机构抵押贷款，以实现农地的交换价值，破解农业经营融资难题。

二、农地流转相关研究

（一）对我国农地流转现状的分析判断

洪名勇等（2021）、王克强等（2003）、黄季焜（2008）、叶剑平等（2010）对我国农地流转市场进行了总结，认为我国农地流转市场存在不健全、发展缓慢，不同地区、不同农户土地流转差异较大等特点。大量文献认为目前我国农地流转率总体水平偏低（何欣等，2016），农地流转不足、不畅，流转不规范（朱冬亮等，2021；丰雷等，2020）。而且区域间差异较大，中西部地区低于东部地区。方式上以农户间的转包、租赁流转为主，同时农地流转方式、流转主体向多元化方向发展（黄祖辉，2017）。明拥军等（2006）总结了西部地区尤其是新疆农地流转的规模、形式、特点及问题，分析了新疆农地流转不畅的原因，提出了促进农地流转的措施和对策。

（二）多视角对农地流转影响因素分析

大部分实践工作者和一些理论研究者认为，农地流转是我国农业现代化发展的客观要求（卢新海等，2021；韩俊，2013；包宗顺等，2009；马贤磊等，2015；张兰等，2015）。基于如何稳步推进农地流转，大量文献分析了产权因素、农户家庭因素、经济因素、市场结构因素、制度因素对农地流转的影响。

众多经济学家如科斯（1960）、诺思（1990）、张五常（2008）都指出，清晰的产权是市场发挥作用的前提。产权的清晰界定和自由转让以及制度的完善，可以降低交易成本，提高经济效率。农地产权不明晰、不稳定（李尚蒲等，2021；马贤磊等，2017；田传浩等，2013；郭贯成等，2010）导致行为主体缺乏农地流动的动力。钱忠好等（2016）认为，土地承包责任制的制度缺陷是主要因素，建议从产权安排上突破我国农地市场发育的产权制度瓶颈。有学者从农地本身的自然属性（罗必良，2012）和就业保障的功能属性（张占录等，2019；陈美球等，2008）出发，认为我国农村社保体系不健全（钟文晶等，2021），导致土地交易成本过高，制约了农地的流转。更多学者（陈会广等，2013；王岩，2021）对大量农户特征因素进行分析，认为农户人口规模、劳动力转移、文化素质、家庭人均收入水平及非农收入、人均耕地等也影响其农地流转行为。从农地流转市场体系问题出发进行分析，一些研究认为农地市场不健全，缺乏有效信息传递机制（徐志刚等，2021；丰雷等，2020），竞争不足，内部流转效率低，而外部流转风险大，农地流转困境是需求大于供给的不均衡状态的现实条件约束的必然结果，也是目前农地经营权、使用权流转中存在的突出问题（许恒周等，2012）。

史清华等（2009）认为，农地要素利用比较效率是影响农地流转的深层次原因，甚至是根本原因。此外，其他原因包括文化差异、国家土地管理政策变化、第一产业比重和地方政府对农地流转的政策扶持力度（邵爽，2015）以及交易费用等（李霞等，2011）。

（三）农地流转的不同方式

从农地流转的方式划分，有学者进行了分类考察，将农地流转方式分为分散流转和集中连片流转，前者包括转包、出租、转让、抵押和拍卖，后者包括"两田制"、经营权股份合作制、"反租倒包"和"四荒"集中连片经营权拍卖。除此之外，还应该在土地流转形式上有新的突破（史卫民，2011），例如，今后可着重发展以下几种流转形式：委托经营制、股份经营制等。马洪波（2004）指出，土地使用权仍由集体统一支配这种形式的土地流转也会带来不错的收益，国内以著名的江苏江阴"华西村"和河南临颍"南街村"为代表，青海以"杨家寨村"为典型。

（四）合约选择与农地经营权流转

不同的合约安排对应着不同的治理结构（罗思高等，2006；Alain，1991），并对不同土地流转形式发挥着不同的激励效果（Stiglitz，1974）。实际上，当农地进行流转时，农户面临着不同的合约选择模式，而不同的合约选择模式有着不同的责权关系，这些约束或规定影响农户的选择和行为，从而带来不同的收益。同样，不同的成本收益又影响农户不同的合约选择。农地合约的签订行为是缔约双方给予对方的承诺，是确保双方对于已达成的风险与收益分配的遵从，合约期限会对流转双方的行为预期产生重要影响。对于农地租赁市场来说，多数文献倾向于强调，一个能够形成稳定预期、维系双方合作关系并激励生产专用性投资的长期合约对于农地流转是极为重要的，因为合约期限偏短会使承租者预期不稳定，并诱导农地经营行为的短期化，加剧承租者的掠夺性经营行为以及对农地的长期投资不足，最终将影响农地流转的绩效（徐志刚等，2021；郜亮亮等，2011）。但现实的反差是，农地流转中合约期限的选择普遍呈现随意性与短期化趋势，且常表现为低租金甚至"零租金"现象（邹宝玲等，2016；钟文晶等，2014）。现有研究多集中于合约方式（书面合约、口头合约）（孔祥智等，2010）、合约期限（短期合约、长期合约）（刘文勇等，2013）、合约租金（固定、分成，实物、现金）（张五常，2008）及合约治理（关系治理、混合治理、市场治理）（罗必良等，2015）等方面。

关于合约方式，孔祥智等（2010）认为，可从书面及口头两个方面来界定合约方式，当前农地经营权流转过程中口头合约作为一种传统习俗下的非正式制度安排依然具有很大的市场。叶剑平等（2010）的研究结果表明，在农地经营权转出和转入过程中未采取书面正式合约的比例分别占82.6%和81.8%。洪名勇等（2015）经过实地考察得出在农地经营权转入和转出环节订立书面合约的比例仅为9.86%和10.11%的结论。不难看出，整体上农地经营权流转以口头非正式合约方式为主，但在不同区域之间存在差异。对此，钱龙等（2015）将这种现象定义为农地经营权流转的"差序格局"，即经营权流转双方血缘、地缘关系越亲密，选择非正式合约的可能性就越大。在乡土中国的情境中，由于农户间的信息高度对称，交易双方采取口头非正式合约方式的交易成本几乎趋近于零，故"重口头、轻书面"现象在农地经营权流转过程中较为普遍。

关于合约期限，刘文勇等（2013）从短期抑或长期来界定农地经营权流转合约期限的问题，得出了如下结论：①当农地产权不稳定时，转出者倾向于长期流转合约，转入者则倾向于短期合约；②在农地经营权流转交易过程中，如果交易成本较高，流转双方均倾向于长期合约，以便保障各自的权益不受侵害。郜亮亮（2020）通过实地调研发现合约期限对农地经营权流转双方的行为选择和预期具有重要影响，认为长期合约理论上有助于形成稳定预期、维系双方合作关系并激发承租方进行生产专用性投资；相反，短期合约使承租者预期不稳，进而诱导农地经营行为短期化，加剧承租方的掠夺性经营行为。但现实的反差是，农地流转中合约期限选择普遍呈现出随意性与短期化趋势，且常表现为低租金甚至"零租金"现象（钟文晶等，2014）。

关于合约租金，合约租金主要涉及以下三方面的研究：①部分学者按照马克思主义地租地价的基本原理，通过构建超额利润的分析框架剖析合约租金的变化（陈泳，2018），而导致租金发生变化的原因则可以通过级差地租、垄断地租以及绝对地租的生成机制予以解释。②部分学者从新制度经济学和产权经济学入手，认为合约租金是事关农地流转效率和农民权益保障的重要内容，他们阐释交易成本、产权制度等因素对农地合约中租金形成的影响，如张五常在1969年将租金合约分为固定租金合约以及分成租金合约两类，通过研究发现，在不考虑法律选择与制度安排的情况下，交易费用及风险对合约租金的影响主要表现在以下两个方面：一是在观察到的合约安排选择中，二是风险金在缔约方之间分配。农户为了租入更多、更大规模的土地需要进行许多交易，在租金的订立过程中必然耗费较高的交易费用，从而抑制了农户对流转土地的需求。③有学者基于社会学视角认为应重视对农地流转租金造成影响的乡土社会道德规范等因素，如田先红等（2013）认为，农地经营权流转除了是权利界定以及权利实践问题之外，还是一个关于不同阶层之间有着激烈竞争关系的社会学问题，其研究结论在于农村社会之中，阶层及地位之间的差异会塑造出不同类型的农民在农地流转中所表现出的态度及行为逻辑等方面的差异。常伟（2017）认为，准强关系对农地经营权流转租金产生了正向显著影响。与此同时，强关系、准弱关系以及弱关系却对流转租金造成了负向影响，在这过程中社会网络发挥了重要作用。

关于合约治理，罗必良（2019，2020，2021）做了大量工作，将合约治理按照关系治理、混合治理及市场治理予以分类，并提出了以合约治理合约的学术观点。Williamson（1979）将"关系型合约治理"的理论借鉴至农地租赁市场，Hart和Moore（1990）基于"不完备合约"治理理论阐释了关系型合约得以存续的深层原因，即取决于彼此间的关系程度（Siles，2000）。费孝通（2012）指出，我国农村的典型特点在于"乡土性"的差序现象，这一情境将个体作为中心点，他人以此中心为距，进而形成以血缘和亲缘为基础的不同的亲疏远近关系，若流转发生于亲朋好友中，此时法律上的书面合约往往并不必要，因为此时合约期限较为灵活（何欣等，2016），并且租金亦具有象征性（张建雷等，2014）。综上可见，熟人社会中人情关系成为农地租赁中的重要规则，一旦超越熟人范畴，合约方式、期限、租金将呈现出趋市场化的特征。

三、农地抵押相关研究

（一）对农地抵押可行性问题的探讨

当前不少学者对农地经营权抵押融资的问题进行了探讨，然而学界在农地产权抵押融资的可行性及制度设计等核心问题上尚未达成一致的见解。部分研究者认为，农村产权抵押融资尚不可行。张文律（2012）通过研究得出农村产权抵押存在法律风险并因此导致农村产权交易市场效率损失等结论。郑杰等（2007）认为，农地经营权抵押融资的现实约束还包括缺乏有效抵押物、农地产权界定不明确和农地估价体制不完善等。Besley（1994）指出，发展中国家的农村金融市场普遍受到政府干预，导致了市场失灵。因此，现阶段推行农地经营权抵押融资并不可行。也有部分研究者认为，农地抵押业已具备了可行条件，如刁其怀（2010）就认为，虽然土地经营权抵押融资缺乏立法支持，但《中共中央关于推进农村改革发展若干重大问题的决定》（中发〔2010〕1号）对农地经营权的相关表述实际上承认了农村土地经营权的可抵押性。

（二）对农地抵押贷款模式的研究

研究者对农地经营权抵押融资的典型模式进行了分类研究，并取得了较为丰硕的研究成果。例如发源于宁夏同心的农地抵押贷款模式，伍振军等（2011）将之定义成"抵押+担保+信用"模式；汪险生等（2014）则将其界定为"关系主导型"模式，并同江苏省新沂市的"资产主导型"模式展开了分析和对比；杨婷怡等（2014）则基于贷款主导者的差异将宁夏同心的做法概括成"自下而上"的"农户主导模式"，并同发端于陕西高陵"自上而下"的"政府主导模式"展开了贷款绩效的对比分析。程郁等（2014）经过对典型案例的调研，将我国的农地产权抵押分为"信用+抵押""担保+抵押""反担保+抵押""信托+抵押""土地证券化+抵押"五种模式。不难发现，研究者主要是从操作流程、参与主体、抵押具体形式、联合信用保证措施等方面进行了贷款模式的类比。

（三）对农地抵押贷款面临风险的研究

随着农地抵押试点的日益推进，研究者越来越多地关注到农地抵押贷款中存在的风险等问题。王平等（2010）认为，法律法规冲突严重、抵押价值难以量化、抵押贷款存在的风险较大。兰德平等（2014）通过研究认为农地抵押风险主要有四类，分别是制度风险、农业经营风险、农地处置风险以及民生风险等。童彬（2014）则将风险概括为流转风险、交易风险和道德风险。在对上述风险进行识别的基础上（付兆刚等，2018），学者纷纷提出化解风险的对策和建议，譬如审慎选择用于抵押的农地经营权并合理确定抵押物价值（余文焱，2010）、对农地展开确权登记（李乾宝，2013）、建立土地金融监管机制和担保风险分散机制（邓小云，2014）、加强农地流转市场体系及服务体系的建设等（胡振华等，2014）。

（四）对农地抵押贷款意愿的研究

在针对农户农地经营权抵押意愿的研究中，肖轶等（2012）通过对重庆市1141户农户问卷调查数据的整理，实证研究了影响本地区农户农村

"三权"抵押贷款需求意愿的因素，研究结论表明，户主性别、户主是否有外出打工经历、家庭对投资风险的承受能力等有显著的正向影响，而户主年龄、非农就业人口占家庭总人口比重等因素具有显著的负向影响。林乐芬等（2015）以宁波为例研究了农村金融机构开展农地抵押贷款业务的意愿及其影响因素，实证研究的结果表明，法律法规的制约和阻碍、农地抵押权评估问题以及借款农户一旦违约后被抵押土地能否及时变现等风险（胡凌啸等，2019），是影响当前农村金融机构开展农地经营权抵押贷款业务的重要因素。

（五）合约选择与农地经营权抵押

现有文献基于合约视角对农地经营权抵押问题进行的研究较少。少数研究者基于合约理论探讨了农地抵押的信贷供给效应（曾庆芬，2014），从金融交易中的道德风险出发，运用合约理论剖析我国农地抵押信贷供给效应的制约因素，解释农地抵押融资试验困境发生的经济原因，揭示农地抵押融资受益主体特征，通过威廉姆森的分析框架分析了资产的专用性及不确定性对农地抵押贷款交易费用的影响（吴一恒等，2018；郭忠兴等，2014），但这些研究更多的是从抵押发生后在治理结构层面对其绩效进行论证，鲜有对抵押发生前合约方式选择的探讨，更缺乏将农地抵押主体差异与合约选择联系起来的理论与实践分析。虽然部分学者关注到了农地经营权抵押主体（普通小农户、规模经营主体）之间存在差异（罗剑朝等，2015；杨奇才等，2015），但却忽视了这种差异所带来的主体信息收集与定价费用的不同，以及由此所造成的抵押方式中的合约选择差异。

四、简要的研究述评及展望

综上所述，已有的文献资料对农地"三权分置"、农村土地经营权流转、抵押方面的进一步研究起着十分重要的作用。但不难发现，已有研究很少将农地经营权流转与农地经营权抵押置于"三权分置"制度背景下统筹放在一个分析框架中进行研究。随着社会经济的发展和政策环境的变化，尚待解释的现象和需要回答的问题仍然很多，总体而言，已有文献缺乏从合约视角对农地流转及农地抵押问题进行研究。

不难发现，现有研究以对农地流转合约现状的描述为主，而将合约方式、合约期限、合约租金等联系起来探讨合约内涵及选择的研究较为缺乏。在农地流转时，现实情况是否与现代合约经济学的观点认为的书面正式合约、长期合约以及市场化的合约租金能够提高合约稳定程度、降低交易费用、减少履约风险相一致？又是什么原因导致缔约双方在农地流转时选择口头、短期及象征性租金的合约，而双方又在何种情境下倾向于采用书面正式、长期及市场化租金的合约？其背后的机理又是什么？政府在农地流转中扮演怎样的角色，对合约选择又有着怎样的影响？因此，深化对农户农地流转合约选择及其机理的理解，有助于丰富合约及其治理理论，为促进农村土地要素市场发育提供参考，特别是在当前加快推进农业现代化、适度规模经营以及农地合理有序流转的现实背景下，具有较强的理论意义和实践价值，这也是本书写作的初衷之一。

随着农地经营权流转、适度规模经营的发展，当前农业现代化面临着资金投入不足与信贷束缚的困境，在"三权分置"制度改革背景下，随着农地经营权的活化，农地抵押逐渐成为破解农业融资难题的重要形式，现有文献对农地抵押贷款的关注，多是从法律角度入手，探讨农地抵押融资的可行性、贷款意愿、风险、抵押模式及以农村产权进行融资贷款的法律突破，而基于合约分类视角进行的研究较少，更缺乏将农地抵押主体（普通小农户主体及规模经营主体）差异与合约选择联系起来的理论与实践分析。而在农地经营权抵押过程中，作为抵押物的农地经营权既然存在普通小农户及规模经营两类主体上的差异，这种差异又会对农地经营权抵押的合约选择匹配造成怎样的影响？鲜有文献涉及对这一议题的思考，但该问题却是对现实中的农地抵押模式探索具有重要的理论与实践意义。

农地"三权分置"制度改革主要是为了有效实现农地流转与抵押的双重诉求。鲜有学者基于合约视角把农地经营权流转与抵押纳入一个分析框架中进行深入研究。本书在对农地经营权流转合约选择及农地经营权抵押合约选择问题进行研究的基础上，对这两部分内容结论及存在问题进行总结，并进行制度的设计，着重探讨如何通过农地经营权流转、抵押从而更有效地实现"三权分置"的政策目标。同时简要讨论未来改革的可能方向，借此提出在当前农地产权结构改革背景下的理论与实践启示。

第二节 主要概念界定

一、农地

考虑到本书涉及的土地承包经营权是一个有着严格法律界定的概念名词（《中华人民共和国土地管理法》第十二条、《中华人民共和国物权法》第一百二十五条），本书中的"农地"概念主要采纳的是《中华人民共和国农村土地承包法》中关于农村土地的定义，同时将农地的范围限定在农业用途的耕地种类上，并且明确为通过家庭承包方式获得的耕地，不包括国有农场等归国家所有集体使用的农用地，即本书主要研究通过家庭承包方式获得的用于农业用途范围内的耕地及其流转与抵押的行为，讨论范围不涉及宅基地等农村集体建设用地。

本书中所用到的农村土地、农地、农用地等表述可以视为同义转换。

二、农地承包权

依《中华人民共和国农村土地承包法》第五条规定，我国土地承包权是指农村集体经济组织成员依法承包由本集体经济组织发包的农村土地的一种资格；而依《中华人民共和国物权法》第一百二十五条规定，土地承包经营权是权利人对其承包经营的农村土地依法享有占有、使用、收益的权利。由于《中华人民共和国物权法》中土地承包经营权制度的设置深受《中华人民共和国农村土地承包法》的影响，故本书认为土地承包经营权包含土地承包权，亦即土地承包权为土地承包经营权的固有内容，承包权是一种成员权概念。

三、农地经营权

按照"三权分置"的制度设想，农地经营权是指承包农户将所承包的农村土地流转给有农业经营意愿和经营能力的主体时，经营权人享有农村土地占有权能、使用权能、受限处分权能、经营收益权能的一种权利，它是从土地承包经营权中分离出来的能够进行市场交易、具有使用价值和交换价值的一种产权形态。当然，除了通过流转的方式获得经营权外，农地经营权也可以不通过流转的方式实现，此时经营权实现方式的突出表现是农户在自己的土地上自主经营，与通过流转方式获得经营权相比，此时的经营权与承包权表现为一种合一的状态，这种经营权可以理解为是一种"自有经营权"。因此，本书认为，农地经营权人可以分为两类：一类是通过流转获得经营权的主体，另一类是小农户自身（以家庭承包方式创设取得的经营权）。在本书中，关于经营权抵押部分，由于经营权主体存在差异，小农户主体进行抵押时抵押的实际上是自有的从承包经营权中分离出来的经营权，而规模经营主体抵押的则是通过流转方式获取的经营权。

四、农地经营权流转

本书研究的流转仅为农村土地经营权的流转，而不涉及农村集体建设用地的流转以及宅基地的流转等。在家庭承包责任制这一制度范围内，农村土地的产权可以划分为以下三种：一是所有权；二是承包权；三是经营权。本书中流转的含义可界定为农地经营权的流转、不涉及农地所有权及承包权的流转。在本书中，农地流转、土地流转、农村土地流转、农村土地经营权流转、农地经营权流转等意义相同。

需要说明的是，也有一些研究或分类标准认为农地抵押其实也属于农地流转方式的一种，但我们认为一般意义上农地流转行为发生后，原农地经营权人不能利用已经流转出去的农地经营权再进行农业生产活动，而是由新的农地经营权主体（转入方）在转入的土地上进行农业生产活动。农地抵押虽然在某种程度上也属于农地经营权的流动（流向金融机构或担保公司等），但此时经营权的流动并不影响农地经营权人继续在土地上进行农业生产。从这个层面分析，我们认为流转是农地经营权实体的流动，而抵押则是农地经营权虚拟的流动。所以，在本书中，我们不把农地抵押视为农地流转的一种具体方式。

五、农地经营权抵押

与农地经营权流转的界定方法类似，本书研究所涉及的抵押是指农地经营权抵押，不包括农地所有权及承包权的抵押，书中所用到的土地抵押、农村土地抵押、农地经营权抵押、农地贷款融资、农村土地经营权抵押等表述具有相同的含义。

六、合约

本书在农地经营权流转部分所讲的合约含义主要从流转的合约方式、合约期限、合约租金三个方面进行界定和考虑。

对于农地经营权抵押，由于抵押合约涉及抵押标的物、抵押融资机制、抵押价值评估、贷款限额、贷款利息率、贷款期限、处置及风险分担机制、贷款难易以及市场化程度等诸多方面，故本书借鉴张五常的合约理论，按照直接定价及间接定价的不同定价机制，将合约通过抽象划分为市场合约与组织合约两类。农业要素市场中的市场合约与组织合约的主要区别并不是交易标的物是否为产品或要素，而是是否在交易过程中引入了作为信息收集与定价专家的中心签约者，这一中心签约者将取代原初买卖双方之间的直接交易，将一次交易变为两次交易，以专业化的形式降低定价的交易费用。换句话说，在农地经营权抵押这一具体情境下，合约究竟是市场方式还是组织方式的主要判定标准，在于抵押双方（抵押人与抵押权人）是否发生抵押钱款的直接交易，当双方是直接"面对面"的抵押关系时，则为市场合约；当引入了对农地抵押起决定性作用的具有信息收集与定价功能的第三方主体时，则为组织合约。

第三节 理论基础梳理

一、合约理论

合约，也称合同、契约，对经济学研究而言，合约又是一种协议，即交易双方或多方根据彼此间的行为约定而达成相互之间的承诺。在《牛津法律大辞典》中，合约是指"两人或多人之间为在相互间设定合法义务而达成的具有法律强制力的协议"。某项合约关系的形成必须以签约双方的意志一致统一为前提，且签约双方必须同时受到合约关系的约束。经济学中的"合约"概念与法律规定的"合约"概念存在很大差异。现代经济学中的"合约"概念比法律中所使用的"合约"概念更为宽泛，不仅包括具有法律效力的合约，也包括一些默认合约，实际上是将所有的市场交易都看作一种合约关系，并以此作为经济分析的基本要素（科斯等，1999）。关于合约的研究，新古典合约重点阐释了合约的抽象性、合约的完备性以及合约的不确定性三个方面内容。现代合约的研究运用博弈论的分析范式来拓展合约的领域，并逐步发展成"委托—代理"理论、不完全合约理论以及交易成本理论。

合约理论是随着不同的合约形式和合约安排而出现的。农地流转市场普遍存在市场化和非市场化（人情化）两种交易方式，且整体而言农地流转较多集中在亲友、街坊邻里等熟人社会中（Belay et al.，2004；Gao et al.，2012）。费孝通（1998）认为，中国农村最突出的特征是具有"乡土性"，这种格局将个体视为中心，其他人以及群体均以与这个中心的距离而产生亲疏远近的社会关系，若农地流转发生于亲友、邻居等熟人之间，此时法律意义上的书面正式流转合约显得并不必要，因此，张建雷等（2014）认为，此时合约租金很大程度上体现为一种象征性的地租，合约期限亦较为灵活，表明熟人社会中人情关系构成了农地租赁中的重要规则；一旦超越熟人社会范畴，合约形式、期限、租金将呈现出市场化特征。

根据张五常（1980）对市场合约与组织合约的定义，农业要素市场中的市场合约与组织合约的主要区别并不是交易标的物是否为产品或要素，而是是否在交易过程中引入了作为信息收集与定价专家的中心签约者，这一中心签约者将取代原初买卖双方之间的直接交易，将一次交易变为两次交易，以专业化的形式降低定价的交易费用。在本书中，对于农地经营权抵押的合约选择，借鉴此市场合约与组织合约的分类体系。

二、产权理论

科斯作为现代产权理论的创始者和主要代表，其对经济的研究关注点聚焦在经济运行的权利制度安排上。科斯认为，产权决定效率，产权激励行为主体，减少社会成本和私人成本的差异。在一个社会中，倘若产权不存在，这个社会的效率绝对会非常低下，资源配置也会变得低效甚至无效。从字面上分析，产权就是对财产所持有的权利。而这种权利是由一系列的产权组成的，并形成包括所有权、使用权、支配权、占有权与收益权等权能的一组权利。产权从形式上可理解为人与物之间的关系，而在实际上反映的则是人与人的关系在财产权利上的体现。此外，阿尔钦（A. Alahian）、德姆赛茨（H. Demsetz）、巴泽尔（Y. Barzel）、张五常（S. Cheung）等经济学家也对产权理论的不断丰富和完善做出了卓越的贡献。

依据产权理论，农村土地产权是以农村土地所有权为基础，包括占有、使用、（部分）处分、收益等其他一系列的权利。这也是农地产权的权能，如果对这些权能进行组合，形成不同的产权结构，可产生不同的效率。权能组合的优化就是产权制度安排合理化的过程。

三、交易费用理论

科斯（1937）在对市场与企业相互替代的分析中，开创性地使用了交易费用的概念，由此也确立了新制度经济学的发展基础。

科斯认为，企业取代市场配置资源的目的就是以组织内部的管理成本取代自由市场上的交易费用。但是，张五常（1978）认为，组织配置资源只是通过要素合约取代市场上的商品合约，由此模糊了市场与企业的边界问题，从而无论是组织内部的间接交易，还是市场层面的直接交易实质上都是交易费用。Williamson（1978，2000）创造性地提出了从资产专用性、不确定性和交易频率的角度刻画并度量交易费用，其研究的出发点是把交易作为最基本的分析单位，把所有的交易还原为合约的形态，不同的合约根据其属性不同，分别和不同的治理结构相匹配，然后基于不同治理结构情境下交易费用的具体分析，实现比较制度的抽象讨论。

事实上，许多国家由于存在重重障碍，使有效的土地流转市场难以出现，这些障碍很大一部分来自高昂的交易成本和政府的限制。在经验考察方面，张五常（1980）研究发现，在不考虑法律选择与制度安排的情况下，交易费用及风险对合约的影响主要表现在两个方面：一是在观察到的合约安排选择中，二是风险金在缔约方之间分配。农户为了租入更多、更大规模的土地需要进行许多交易，必然耗费较大的交易费用，从而抑制了农户对流转土地的需求（Dong，1996）。

四、农户行为理论

农户行为是指农户个体为达到一定目的而从事的一系列经济活动的动态过程。最早对农户经济行为展开研究的是恰亚诺夫与舒尔茨，两人分别建构了"自给小农学派"和"理性小农学派"。自给小农学派认为，农户经济行为遵循的是不同于资本主义经济的行为逻辑，它是以最大限度地满足家庭生存及生活需要而不是以最大利润为追求目标。舒尔茨的观点则与之相反，认为小农具有开拓进取的精神，其经营的主要目标在于追求利润的最大化，强调需要用分析资本主义企业的经济学原理来阐释农户的经济行为。

五、差序治理理论

在差序格局视野中，不同的关联强度与相应的治理机制相匹配，本书将此界定为"差序治理"（王岩，2020）。无关联及弱关联中的公平规则更应该通过政策、法规等具有法律约束力的正式制度的形式予以保障，具有较强的市场化特征，在这两种关联中关系程度均比较弱，偏向于采用弱关系治理的方式，因此本书将其界定为"弱关系治理"[①]；强关联中的血缘间的需求规则、熟人关联中的人情规则更多通过非正式制度发挥作用，此两种关联中关系程度均较强，可将其界定为"强关系治理"，亦可称为"人情治理"。在本书中，"差序治理"的内涵体现在两个维度上：首先，在结构上，不论农地转出与转入，治理网络中流转农户占据主导性的中心位置，其他主体（亲友、同村农户、外村农户、规模经营主体等）根据农户与其关系强弱或可控度一圈圈地推出去形成外围层。其次，在行为上，治理网络的中心主体（流转农户）在熟人社会内部（亲友、同村农户之间）倾向于采用非正式但简单高效的人情交往逻辑（强关系治理），而对关系较弱及控制范围薄弱的外围圈层（外村农户、规模经营主体等）倾向于选择具有一定市场化特征的合约（弱关系治理）以强化自身对农地的控制能力。事实上，流转农户作为治理网络的中心针对不同主体在治理中的互动博弈表现出这种差序性的社会关系格局，且依关系的强弱呈现出愈推愈薄的差序性关系格局。不难看出，差序治理本质上属于关系治理。

---

① 这里的"弱关系治理"是指在无关联和弱关联两种情境下，关系发挥的作用较小或基本不发挥作用，但"弱关系治理"并不能与"市场治理"画等号，"弱关系治理"只是具备了"市场治理"的某些特征，比如在农地流转中"弱关系治理"下流转合约方式倾向于书面化、租金倾向于市场化、期限倾向于长期化，而"市场治理"则明确要求流转合约形式书面化、租金市场化、期限长期化。

第三章 "三权分置"制度背景下农地经营权流转与抵押合约选择的分析框架

框架是人们用来认识和解释社会生活经验的一种认知结构，能使其使用者定位、感知、确定和命名那些看似无穷的具体事实（Goffman，1974），借此选择、强调和呈现原则，告诉人们这些事实存在什么、发生了什么、什么是至关重要的内涵（Gitlin，1980）。就研究角度而言，通过分析框架的构建来划定研究范围，同时为研究的社会或自然现象的重要特征指引分析的方向，其中包含的因素可以帮助分析者在分析问题前，把握分析的逻辑和为分析提出必要的基础问题（Ostrom，2005）。

农地"三权分置"制度改革的政策目标主要是有效实现农地经营权流转与抵押的双重诉求，具体而言，通过承包权与经营权的分置有效实现农地经营权流转，而通过经营权的活化实现农地经营权抵押权能。实践中，无论是农地经营权流转还是抵押，将交易双方衔接起来的纽带则是合约，合约作为双方意愿一致而在相互之间产生法律关系的一种约定，能够促进合作剩余的产生，合约作为流转及抵押交易过程中的重要载体，构成了交易行为的有机组成部分。新制度经济学认为合约作为一种具体的制度安排，其意义体现为缔约双方选择怎样的合约以及合约能否得到有效执行。根据本书所要研究的核心内容,基于"三权分置"制度的政策目标构建逻辑为"'三权分置'制度背景下农地经营权流转的合约选择—'三权分置'制度背景下农地经营权抵押的合约选择—制度设计与改革启示"的分析框架,以统领并紧密衔接后续的各部分内容。

本章内容安排如下:首先是"三权分置"制度背景及确立;其次分析"三权分置"制度的政策目标;最后是"三权分置"制度背景下农地经营权流转与抵押合约选择的分析框架。

第一节 "三权分置"制度背景及确立

一、制度背景

20 世纪 80 年代初,我国农村实行家庭联产承包责任制,将农地所有权与承包经营权分离,实现了我国农地制度的第一次伟大创新。肇始于安徽小岗村农民"拼死一搏"的土地大包干制度(家庭联产承包责任制),在短时间内解决了农民温饱问题,稳定了农村社会,家庭承包制很大程度上激励了农民的生产积极性并提高了农业生产效率,为激发农村生产活力、提高广大农民收入提供了重要的制度保障,被誉为 30 多年来我国农地制度改革的最大成就。但随着家庭承包责任制潜力消耗殆尽,其内含的土地经营细碎化、资源配置效率不足与生产效率较低等弊端逐渐显化。农地细碎化程度高、经营规模小导致农业生产成本高、经营效率低等问题成为发展农业适度规模经营的阻碍。解决农地细碎化等问题需要靠农地流转以推动农业现代化。发展现代农业，需要庞大的资金作支持，而当前农业现代化面临着资金投入不足与信贷束缚的窘境，我国农民并不富裕，最大的资产莫过于土地，通过土地经营权抵押，可以为农业融资提供条件，也能发挥其用益物权的价值，允许农民以承包地经营权抵押，关系到发展农业生产、提高农民收入。因此，取消对土地经营权抵押的限制，允许农民以土地使用权抵押，关系到"三农"的发展。

因此，不难看出，我国农业发展与农民增收存在土地细碎化与资金约束的双重障碍。解决农村土地细碎化问题要靠农地合理有序流转来完成；而破解资金约束需盘活农村沉睡的土地资产，借助农地经营权抵押来实现。以"三权分置"为标志的农地产权制度改革主要是为了有效实现农地流转与抵押的双重诉求（刘守英，2014）。

二、"三权分置"制度的确立

2013 年以来，"三权分置"这一概念受到社会舆论的广泛关注和讨论，更引起经济学界和法学界的热议和争论。"三权分置"的发展演变如表 3-1 所示。

表 3-1　中央关于"三权分置"的政策表述及其意义

单位：亿元

出处	"三权分置"的政策表述	意义
中央农村工作会议（2013 年 12 月）	家庭联产承包责任制把土地所有权和承包经营权分开，这是中国农村改革的重大创新；现在，把农民土地承包经营权分为承包权和经营权，实现承包权和经营权分置并行，这是中国农村改革的又一次重大创新。要不断探索农村土地集体所有制的有效形式，落实集体所有权、稳定农户承包权、放活土地经营权	首提"农户承包权和土地经营权分置并行"的政策思想及其重大创新的意义；"落实集体所有权、稳定农户承包权、放活土地经营权"的基本方向

续表

出处	"三权分置"的政策表述	意义
2014 年中央一号文件	在落实农村土地集体所有权的基础上，稳定农户承包权、放活土地经营权，允许承包土地的经营权向金融机构抵押融资	中央文件首次提出集体所有权、农户承包权和土地经营权相分离的政策思想，并对土地经营权赋予了抵押权能的内涵
《关于引导农村土地经营权有序流转发展农业适度规模经营的意见》（中办发〔2014〕61 号）	坚持农村土地集体所有，实现所有权、承包权、经营权"三权分置"，引导土地经营权有序流转，坚持家庭经营的基础性地位，积极培育新型经营主体，发展多种形式的适度规模经营，巩固和完善农村基本经营制度	正式提出"三权分置"的政策规定，明确土地经营权的目标指向，即引导土地有序流转
2015 年中央一号文件	抓紧修改农村土地承包方面的法律，明确现有土地承包关系保持稳定并长久不变的具体实现形式，界定农村土地集体所有权、农户承包权、土地经营权之间的权利关系	首次就"三权分置"提出了修改法律法规的要求
《深化农村改革综合性实施方案》（中共中央办公厅、国务院办公厅 2015 年 11 月印发）	深化农村土地制度改革的基本方向是：落实集体所有权，稳定农户承包权，放活土地经营权	正式将"三权分置"确立为深化农村土地制度改革的基本方向
《中共中央关于制定国民经济和社会发展第十三个五年规划的建议》（2015 年 10 月）	稳定农村土地承包关系，完善土地所有权、承包权、经营权分置办法	要求完善"三权分置"办法
2016 年中央一号文件	稳定农村土地承包关系，落实集体所有权，稳定农户承包权，放活土地经营权，完善"三权分置"办法	
习近平总书记讲话（2016）	放活土地经营权，推动土地经营权有序流转，要与城镇化进程和农村劳动力转移规模相适应，与农业科技进步和生产手段改进程度相适应，与农业社会化服务水平提高相适应	首次提出土地经营权有序流转应遵循"三个相适应"

资料来源：此表引自肖卫东等. 农村土地"三权分置"的内涵、基本要义及权利关系［J］. 中国农村经济，2016（11）.

通过表 3-1 的分析不难看出，"三权分置"制度是近年尤其是 2013 年以后才明确提出的，经历了一个逐渐完善的过程。需要注意的是，在 2013

年以前多地开展的流转与抵押实践表明，无论是流转还是抵押的土地权利也都是土地的经营权，因此 2013 年之前的流转与抵押行为事实上也贯彻落实了"三权分置"制度的精神，只是当时没有明确提出"三权分置"这一概念。

三、"三权分置" 制度的政策含义

第一，"三权分置"的前提是保障集体土地所有权。中华人民共和国成立后，我国农村土地制度几经变迁，从地主私有到农民所有，从合作制到集体所有制，再经"三级所有、队为基础"，此后长期维持集体所有权不变。当前我国政治经济体制决定无论家庭承包责任制、农村土地流转抑或"三权分置"均务必坚持农村土地集体所有这一前提。

第二，"三权分置"通过农地流转、适度规模经营，有利于实现农业现代化。单户经营造成的土地细碎化是对农业现代化和规模化造成重要影响的桎梏。而通过"三权分置"有序引导农地流转，培育合作社、涉农企业等规模经营主体，有利于农业现代化的实现。

第三，"三权分置"明确允许农村土地经营权可向金融机构抵押贷款，有利于盘活农村沉睡的土地资产，破解农业生产资金约束的难题。不难看出，中央立足顶层设计形成的农地"三权分置"政策是由我国面临的现实农地问题倒逼而产生的，并突破了现有的土地法律体系。

第四，"三权分置"拓展了农村土地集体所有制的有效实现形式，丰富了双层经营体制内涵，展现出我国农村基本经营制度的持久活力。释放经营权、调节人地矛盾，有利于提高土地产出率、劳动生产率和资源利用率，促使土地市场化有序流转，实现适度规模经营，缓解粮食安全问题。将土地资源转化为资金、资本，可以帮助农民增加财产权利。"三权分置"是农

村集体土地有序流转的重要基础，是农村集体土地高效运营的目标抉择，"三权分置"能够实现承包权和经营权的多元化选择，提高农地制度效率，破解农村土地抵押融资困局。

第五，"三权分置"与新型城镇化、工业化发展背景相匹配。经济社会的飞速发展使我国进入了工业"反哺"农业的新阶段。由于农村常住人口锐减（蔡昉，2011），农民纷纷外出就业，"谁来种地"成为一个重要命题，此时农地流转成为可能，农村土地流转和适度规模经营成为推进我国农业现代化的有效载体。截至2016年底，我国承包耕地流转面积占家庭承包经营耕地面积的比重达35%。当前，耕地经营面积达到50亩以上规模的大户业已突破350万户。流转中所有权与承包经营权"两权分离"的弊端日益凸显，譬如人身依附特征明显、农户成员权观念严重影响土地产权行使；由于关系及差序格局造成农地流转范围主要集中于乡土社会内部，难以走向市场化等。

第二节 "三权分置"制度的政策目标

一、承包经营权分置为承包权与经营权：通过流转实现

当前我国土地承包经营权制度面临两方面难题：一方面，土地承包经营权同时承载着乡村社会治理（农村基层民主与政治治理等）、经济发展乃至农村社会保障等覆盖范围极广的诸多职能，现有土地制度功能严重超载，人身依附特征明显（徐章星等，2020；潘俊，2014）；另一方面，承包经营权暗含的农村社会保障和经济职能难以兼得，二者具有内在冲突（高圣平，

2016)。这是由于社会保障职能的存在使得人身必须依附于土地,从公平的角度考虑,基于成员权身份获取的土地承包经营权必须在集体经济组织内部实现"人人皆有、均分持有"并限制农地流转范围,即使流转也主要是在熟人社会内部发生。但经济职能主要是从效率出发,须促使承包经营权在更大范围内打破熟人社会中差序治理的格局,破除人身依附,从而朝着市场化方向进行流转并实现适度规模经营,以追求规模效益。当下,总体来讲,我国农业现代化程度较低,规模经营能力较弱、市场竞争能力较差,其原因在于在承包权与经营权合一的情境下,农村社保和经济职能不可调和的内在矛盾(仇童伟等,2019;赵万一等,2014)。所以,在农地承包权与经营权合一的情境下,农地流转的规模较小,加之人身依附性强,流转主要形式是熟人社会内部差序格局下的转包、代耕代种及出租等,农地流转时多采用口头非正式合约,土地流动范围较窄、规模较小,难以实现适度规模经营。

"三权分置"制度的政策目标在于承包权与经营权的分置,那么如何才能从承包经营权中独立出来从而实现经营权的分置呢?须通过经济学含义上农地的流动才能实现其分置价值,否则,简单通过颁发农地承包权与经营权的两个证件文本,也可以实现法律界定上的"三权分置",但是这又具有何种经济意义呢?最后还是需要借助农地的具体流动,才能最终体现权属证书的价值。这是由于当农地承包权与经营权合一时,此时的权利状态为农地承包经营权,地权不发生任何变动,要实现"三权分置"的政策目标,就要发生农地权利及要素的流动,即农地经营权与承包权的分置须借助流转的行为方能实现,没有农地经营权流转,就不能有效实现农地经营权与承包权的分置,因此农地经营权的分置是与流转行为相伴而生的关系。

通过法理视角分析,农地承包经营权分置为承包权与经营权,其本质在于将具有物权性质的农户承包权和具有债权属性的农地经营权相分离（肖卫东等，2016）。《中华人民共和国农村土地承包法》规定承包经营权可以用来流转，但因承包权依附于成员权存在，故承包权流转不为政策允许。由于法律冲突造成了这种自相矛盾的情形，为此，农地制度改革亟须实行"三权分置"。"两权分置"情境中，集体享有所有权，农户享有承包经营权。承包经营权属于承包权与经营权二者的混合体。承包权是一种农户专有的成员权，只有集体经济组织内部的成员方拥有此资格，具有封闭、不可交易性。经营权是一种财产权，能够以市场交易的形式流向有能力经营的个人或规模经营主体，具有开放性与可交易性。在人口很少流动甚至不流动时，农地几乎不发生流转，承包权与经营权这两种截然不同、属性相异的权利尚可相安无事。然而随着经济社会的不断发展，越来越多的农民选择外出务工，此时人地矛盾日益突出，农户作为承包主体同实际的经营主体正加速分化。为此，实行"三权分置"政策重在把握其内涵，即清晰界定集体所有权、农户承包权、土地经营权三者各自的权能范围，明确三者占有、使用、收益、处分等权能边界，尤其应把握好"三权分置"的要义，亦即承包农户与实际经营主体在农地流转过程中的权利、边界与关系。

可以发现，"三权分置"在制度层面进一步厘清了农村集体、承包户及实际经营主体间的土地权利关系（王小映，2016）。通过"三权分置"这一农村土地集体所有制的具体实现方式，可破解土地承包经营权面临的农村社保同经济职能存在对立的难题。一方面，稳定承包权可以让农民通过成员权平均获得具有物权性质的集体经济组织内的土地，通过"土地承包关系保持稳定并长久不变"实现了土地初次配置的起点公平，充分实现了土地对农民社会保障功能的需求。另一方面，承包经营权分置为承包权与经营权后，具有债权属性的经营权，能够在农村要素市场中实现自由流动，体现了对土地要素资源的优化配置，利于土地利用效率的提高。承包权和经营权进行分置是由于不同权利属性情境下其功能价值迥异，承包权同经营权分置除了体现物权与债权这两种权属形态的分置外，更重要的在于对承包权与经营权合一状态下土地承包经营权所承载的农村社会保障功能与经济职能的有效分置。

承包权与经营权的分置可以同时兼顾效率与公平的原则，由于明确界定了经营权，与承包经营权合一时具有很强的人身依附截然不同，其能促使土地经营权流转范围得以突破熟人社会边界，逐渐走向市场化，随着涉农企业、农民专业合作社、家庭农场等新型规模主体的发展壮大，农地流动范围也在日益扩大。土地承包权与经营权分离后，使"去身份化"后的土地经营权能够以更加自由的方式进入市场，为农地流转方式提供多样化的选择。在这一过程中，基于人情和关系亲疏呈现为差序治理情境下发生的流转逐渐向市场化及市场治理情境下的流转过渡。相应地，由于权利的清晰界定，在农户农地流转合约选择上，从之前的口头非正式、短期及象征性租金的合约逐渐向书面正式、长期及趋市场化租金的合约转变，人身依附得以减少，差序治理的格局逐渐瓦解，合约逐渐趋于规范化。

二、农地经营权活化：通过抵押实现

"三权分置"制度改革的目标是破解"地由谁种"以及"怎么种地"的难题，其关键在于放活经营权。活化土地经营权可从以下两个方面理解：一方面，在充分保障农村集体所有权与农户承包权条件下，承包农户把农地经营权转给他人或主体耕种，从而扩大"耕者"范围，实现"地尽其用"，充分挖掘农地使用价值。我国历史上的"自耕农"及新中国成立后的"翻身农民"均属于传统的"耕者"。而在"三权分置"制度情境下，原始承包农户、家庭农场、大户、合作社、涉农企业等新型规模经营主体构成了现代的"耕者"。这是农业生产和经营方式上的创新。另一方面，从经营权中活化出抵押权，通过赋予土地经营权以抵押、担保之权能，允许土地经营权人以土地经营权向银行等金融机构抵押贷款，以实现农地的交换价值，破解农业经营融资难题。

农地"三权分置"的目标和关键在于活化土地经营权，从而达到优化农村土地要素市场配置、实现农业现代化的目的。然而农业现代化面临着一系列资金约束，并对土地这一农业领域最重要的生产要素的有效使用提出了新的命题：农村土地如何使资源形式的流动转向资产形式的流动。在这种现实背景下，通过"三权分置"活化农地经营权，赋予土地经营权以抵押、担保权能，允许土地经营权人以土地经营权的形式向金融机构抵押贷款，以满足适度规模经营对于资金的需求，从而缓解农业生产经营融资难的问题。

不难发现，农地流转会对农地抵押产生影响，即农地抵押能在多大程度上得以实现，还受到农地流转配置状况的影响。因此，通过农地经营权活化，依托流转实现农地经营权与承包权分置之时，农地作为农户拥有的重要财产，从农地流转向农地抵押并重发展显得尤为必要。倘若农村土地在空间上的流动依赖农地流转，那么作为生产要素的农地在时间层面的流动最有效的方式便是经营权抵押。因此，如果说农地经营权与承包权的分置主要依靠流转来实现，那么农地经营权的活化主要依靠抵押来完成。

不难发现，我国集体土地产权的改革历程就是权利不断发生细分的历史进程。在这个过程中逐渐顺应了农民保留土地承包权从而充分保障自身生存的意愿，也很好地满足了广大农民流转及抵押土地经营权的权利，这毋庸置疑将有利于土地财产性收益的有效实现。

第三节 "三权分置" 制度背景下农地经营权流转与抵押合约选择的分析框架

"三农" 问题是困扰我国经济发展的突出难题, 其中的核心是农地产权的制度安排问题。但随着家庭承包责任制潜力消耗殆尽, 其内含的土地经营细碎化、资源配置效率不足与生产效率较低等弊端逐渐显化。解决上述问题要依靠农业现代化, 而当前农业现代化面临着资金投入不足与信贷束缚的困境。因此, 不难看出, 促进我国农业发展与农民增收存在土地细碎化与资金约束的双重障碍。解决农村土地细碎化问题要靠农地合理有序流转来完成; 而破解资金约束需盘活农村沉睡的土地资产, 借助农地经营权抵押来实现。

"三权分置" 制度的政策目标是在坚持集体土地所有权、保护耕地、保障农民利益的前提下, 促进农地合理有序流转, 为农业适度规模经营和农地担保融资创造条件。因此, 农地 "三权分置" 制度改革的政策目标主要是有效实现农地流转与抵押的双重诉求。无论是农地经营权流转还是抵押, 将交易双方衔接起来的纽带则是合约, 合约作为双方意愿一致而在相互之间产生法律关系的一种约定, 能够促进合作剩余的产生, 合约作为流转及抵押交易过程中的重要载体, 构成了交易行为的有机组成部分。新制度经济学认为合约作为一种具体的制度安排, 其意义体现为缔约双方选择怎样的合约以及合约能否得到有效执行。

本书围绕 "三权分置" 制度的政策目标, 对农地经营权流转与抵押的合约选择问题进行研究, 基于此构建相应的分析框架, 用以划定研究范围,同时经过框架内容的展开,告诉我们现实中发生了什么,以及对当前的重要意义。由此,本书将按照"'三权分置'制度背景下农地经营权流转的合约选择—'三权分置'制度背景下农地经营权抵押的合约选择—制度设计与改革启示"的分析框架,具体如图 3-1 所示。

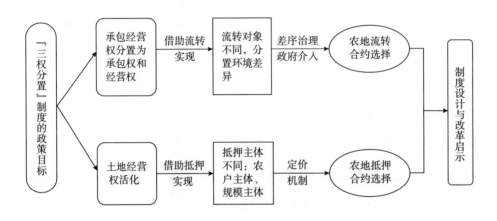

图 3-1　分析框架

首先,要实现"承包权与经营权分置"的政策目标,就要发生农地权利及要素的流动,即经营权与承包权的分置须借助流转的行为方能实现,没有流转就不能有效实现经营权与承包权的分置,因此农地经营权的分置是与流转行为相伴而生的。由于在流转过程中具有不同的交易对象(如亲友、同村农户、外村农户、规模主体等),即农地经营权随着交易对象的不同而发生分置的环境存在差异,而分置环境的差异又会影响流转缔约行为的不同,面对不同流转交易主体产生的承包权与经营权分置环境的差异在合约上体现为一种"差序治理"的特征,为此本部分内容旨在研究在经营权分置情境下,差序治理对流转合约选择的影响。政府肩负着农地流转规则制定与完善流转市场、促进流转合约方式书面化、显化流转租金、延长流转期限等职能，政府的介入有助于经营权分置环境的优化，因此将政府介入因素纳入本部分的分析框架，考察政府介入后对合约选择的影响。

其次，"土地经营权活化"作为"三权分置"制度的另一个政策目标，需借助农地经营权抵押才能更好地实现。随着农地流转、适度规模经营的持续开展，当前农业现代化面临着资金投入不足与信贷束缚的困境。在"三权分置"制度改革背景下，随着农地经营权的活化，包括小农户及规模经营主体在内的不同农业经营主体对实现农地抵押贷款的诉求与日俱增，那么，在农地经营权抵押过程中，作为抵押物的农地经营权既然存在主体上的差异，这种差异又会对农地经营权抵押的合约优化选择造成怎样的影响？为破解农业经营融资难题，本部分立足小农户与规模经营主体这两类农地经营权主体的差异，基于市场与组织合约的分类视角，从直接定价与间接定价的定价机制入手，剖析农地经营权主体差异与农地抵押方式选择，旨在解决农户主体与规模经营主体二者对于抵押合约的选择及匹配问题，剖析对于不同贷款主体选择何种合约形式有利于实现抵押贷款。

最后，基于上述研究进行制度设计，在总结前述两部分研究的经验及存在问题的基础上，着重探讨如何通过农地经营权流转、抵押从而更有效地实现"三权分置"的政策目标。另外，简要讨论未来改革的可能方向，借此提出当前农地产权结构改革背景下的理论与实践启示。

分析框架的细化见图3-2。

一、"三权分置"制度背景下农地经营权流转的合约选择

《中华人民共和国农村土地承包法》规定承包经营权可以用来流转，但因承包权依附于成员权存在，故承包权流转不为政策所允许。由于法律冲突造成了这种自相矛盾的情形。在原有的"两权分置"情境中，集体享有

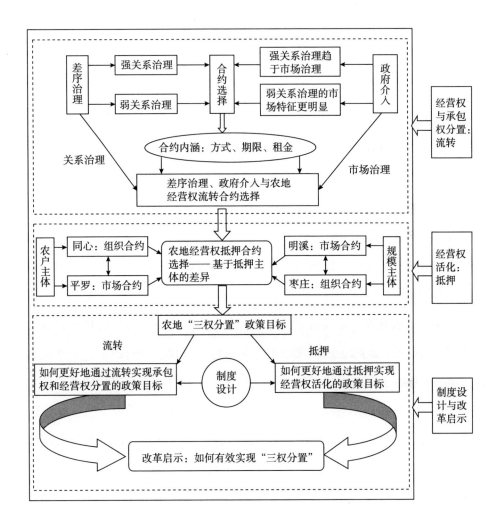

图3-2 分析框架细化

所有权,农户享有承包经营权,此时承包经营权属于承包权与经营权二者的混合体。承包权是一种农户专有的成员权,只有集体经济组织内部的成员方拥有此资格,具有封闭、不可交易性。为此,农地制度改革亟须实行"三权分置"。"三权分置"是在坚持农村土地集体所有制基础上对家庭承包经营的适应性调整,土地集体所有是经营权流转的根本。赋予农民有保障的土地承包权，是落实和推进"三权分置"的前提。放活经营权是在不改变农民土地承包关系的前提下，将土地经营权以多种方式向专业大户、家庭农场、专业合作社等多种经营主体转让，发展多种形式的规模经营。实现"三权分置"的前提是在坚持土地集体所有的基础上，将土地承包经营权一分为二，分置为承包权与经营权，其本质在于将具有物权性质的农户承包权和具有债权属性的农地经营权相分离。

那么经营权如何才能从承包经营权中独立出来从而实现经营权分置呢？须通过经济学含义上农地的流动才能实现其分置价值①，否则，简单通过颁发农地承包权与经营权的两个证件文本，也可以实现法律界定上的"三权分置"，但是这又具有何种经济意义呢？

在"三权分置"制度背景下，通过流转的方式可以有效实现承包权与经营权的分置，此时农地经营权得以从承包经营权中分离出来，那么在农地流转时，由于农地流转交易对象具有多样性，而农地经营权随着交易对象的不同而发生分置的环境亦存在差异，而分置环境的差异又会影响流转缔约行为的不同，面对不同流转交易主体产生的承包权与经营权分置环境的差异在合约上体现为一种"差序治理"的特征②。我们不禁要问，农地流转的现实情况是否与现代合约经济学的观点认为的书面正式合约、长期合

①　这是由于当农地承包权与经营权合一时，此时的权利状态为农地承包经营权，地权不发生任何变动，要实现"三权分置"的政策目标，就要发生农地权利及要素的流动，亦即农地经营权与承包权的分置须借助流转的行为方能实现，没有农地经营权流转，就不能有效实现农地经营权与承包权的分置，因此农地经营权的分置是与流转行为相伴而生的关系。

②　在本书中，"差序治理"的内涵体现在两个维度上：首先，在结构上，不论农地转出与转入，治理网络中流转农户占据主导性的中心位置，其他主体（亲友、同村农户、外村农户、规模经营主体等）根据农户与其关系强弱或可控度一圈圈地推出去形成外围层。其次，在行为上，治理网络的中心主体（流转农户）在熟人社会内部（亲友、同村农户之间）倾向于采用非正式但简单高效的人情交往逻辑（强关系治理），而对关系较弱及控制范围薄弱的外围圈层（外村农户、规模经营主体等）倾向于选择具有一定市场化特征的合约（弱关系治理）以强化自身对农地的控制能力。事实上，流转农户作为治理网络的中心针对不同主体在治理中的互动博弈表现出这种差序性的社会关系格局，且依关系的强弱呈现出愈推愈薄的差序性关系格局。

约以及市场化的合约租金能够提高合约稳定程度、降低交易费用、减少履约风险相一致？又是什么原因导致缔约双方在农地流转时选择口头、短期及象征性租金的合约，而双方又在何种情境下倾向于采用书面正式、长期及市场化租金的合约？其背后的机理又是什么？由于政府肩负着农地流转规则制定与完善、促进流转合约方式书面化、显化流转租金、延长流转期限等职能，政府介入又对合约的选择产生了什么影响？因此深化对农地流转合约选择及其机理的理解，有助于丰富合约及其治理理论，为促进农村土地要素市场发育提供参考，特别是在当前加快推进农业现代化、适度规模经营以及农地合理有序流转的现实背景下，具有较强的理论意义和实践价值。

基于此，本书第四章内容作为实证章节从我国农村特定的文化背景出发，以"差序治理"为视角试图构建理论分析框架，从理论上剖析差序治理、政府介入与农地经营权流转合约选择的内在关系，在此基础上提出两个研究假设。

假设1①：流转双方关系越亲密，越容易呈现出强关系治理的特征，在此情景下，农户倾向于口头合约，合约租金较低，合约期限较短。

----

① 在"三权分置"的背景下，农地经营权随着交易对象的不同而发生分置的环境存在差异，而经营权分置环境的差异又会影响流转缔约行为的不同，不同流转交易主体产生的承包权与经营权分置环境的差异在合约上体现为一种"差序治理"的特征。当农地经营权流转发生在农户与亲友或与同村农户之间时，双方更倾向于强关系（人情）情境下的治理范式，相应地，更倾向于缔结口头非正式、短期及象征性租金的合约；农地流转发生在农户与企业等规模经营主体或者与外村农户之间时，更倾向于弱关系情境下的治理范式，相应地，更倾向于缔结书面正式、长期及市场化租金的合约。

假设 2[①]：政府介入农地流转有利于打破基于关系亲疏基础上的"差序治理"格局，促使农户农地流转合约选择从关系治理[②]向市场治理的方向转变，在此情景下农户倾向于书面正式合约，合约租金较高，合约期限较长。

提出研究假设后，借助对辽宁和江西两省 1628 户农户（其中参与流转农户为 979 户，519 户为转出农户，460 户为转入农户）入户调研的一手数据，从数据描述性统计的层面对本部分两个研究假设进行初步验证，并运用计量模型的定量分析工具，从农地转入与转出两方面探讨差序治理对农地流转合约方式、合约租金以及合约期限的影响。在此基础上，将政府介入因素纳入分析框架中，进一步检验政府介入条件下差序治理对农地流转合约选择的影响程度及强度，由此得出研究结论并提出相应的政策建议，以便为实现农地流转的合理化路径提供参考。

二、"三权分置" 制度背景下农地经营权抵押的合约选择

资产的资本化构成了物尽其用的重要途径（赫尔南多·德·索托，2012）。由于集体土地的成员权性质，集体土地所有制前提下土地承包经营权的转让仅限于在集体内部进行，市场范围狭小，因此，对农地资产资本化的作用不明显。所以在更大范围内培育农地租赁市场、推进农地抵押贷款，对唤醒农村"沉睡"资本的意义不言而喻。

为了解决农业生产经营融资难题，中央决定通过政策引导，推动农村

---

① 政府介入农地流转后，一方面，鉴于我国农地细碎化、小规模经营的现状，基层政府代理农户寻找潜在的交易对象，分别同交易双方进行谈判、缔约，降低了流转双方交易环节信息收集的成本，便于寻找到合适的流转对象；另一方面，由于采用书面正式合约的方式和较长的合约期限，对交易双方均构成了一种保障机制，具有法律约束效力，降低了流转后监督合约履行的成本。因此，政府介入流转，通过构建并完善市场交易规则，对基于关系亲疏而形成的差序治理起到了瓦解作用，利于实现流转合约方式书面化、合约期限长期化及合约租金的市场化。

② 对于强关系治理，政府介入使其向市场治理方向转变；对于弱关系治理，由于本来已具备市场治理的部分特征，政府介入会强化其市场化治理特征。

土地经营权抵押改革。2014年中央一号文件提出"允许承包土地的经营权向金融机构抵押融资",2015年8月,国务院印发了《关于开展农村承包土地的经营权和农民住房财产权抵押贷款试点的指导意见》,提出按照"三权分置"的有关要求"深化农村金融改革创新"。不难发现,"三权分置"就是要破除现有法律规定和与农村经济发展不相适应的内容,为土地经营权抵押解放思想。农地"三权分置"制度改革的目的和关键在于活化土地经营权,从而达到优化农村土地要素市场配置、实现农业现代化的目的。从经营权中活化出抵押权,通过赋予土地经营权以抵押、担保之权能,允许土地经营权人以土地经营权向银行等金融机构抵押贷款,以实现农地的交换价值,破解农业经营融资难题。为盘活农村沉睡的土地资产,同时规避当前法律明确禁止的以土地承包经营权进行抵押融资的规定①,党的十八届三中全会之后,在"三权分置"的背景下,各地探索的农地抵押实践其实是一种在充分保障农户享有农地承包权的前提下,进行农地承包权及农地经营权的分离(李宁等,2016),然后以不超过二轮承包期剩余年限的农地经营权为担保物进行抵押的模式。

在"三权分置"制度背景下,产权制度改革主要是有效实现农地流转与抵押的双重诉求。实现农地经营权的活化的政策目标需借助农地抵押来实现。在农地经营权流转以及适度规模经营的开展过程中,不同农业经营主体对实现农地抵押贷款的诉求与日俱增,为破解农业经营融资难题,需着重对农地经营权抵押问题进行分析。

在农地抵押中,根据农地经营权主体是否与农地承包权人相一致,将农地经营权抵押主体区分为合一的普通小农户和分离的规模经营主体两类。

---

① 如《中华人民共和国担保法》第三十七条第二项、《中华人民共和国农村土地承包法》第四十九条及《中华人民共和国物权法》第一百八十四条均明文禁止土地承包经营权抵押。

同时，在实践中，一些地区的贷款人可将农地经营权作为抵押物直接向金融机构融资，而另一些地区的贷款人与金融机构不直接发生抵押行为，须借贷双方之外的第三方主体（如行业协会、合作社及反担保机构等）介入对农地经营权作出担保方可抵押。即存在张五常（1983）所讲的直接与间接定价两类合约的选择差异。新制度经济学将合约分为市场合约与组织合约两类（易宪容，1998），认为不同合约的选择在于定价费用的差异。市场与组织合约的区别并不是交易标的物是否为产品或者要素，而是在交易过程中是否引入了作为信息收集与定价专家的中心签约者，以组织的间接定价取代原初买卖双方之间直接的市场交易（何一鸣等，2014）。因此，农地抵押合约究竟是市场方式还是组织方式的主要判定标准，在于抵押双方是否发生抵押钱款的直接交易。当双方是直接"面对面"的抵押关系时，为市场合约；当引入了对农地抵押起决定性作用的具有信息收集与定价功能的第三方主体时，为组织合约①。

那么此类差异是否会导致农地经营权抵押方式在合约选择上的不同？又会对农地经营权抵押的合约匹配及其优化选择造成怎样的影响？为此，本书第五章作为实证章节，基于市场与组织合约的分类视角，运用对比分析的方法对不同典型试点案例（选取以农户为抵押主体的宁夏同心与平罗和以规模经营主体为抵押主体的福建明溪与山东枣庄这两对案例）从生成机制、抵押物、融资机制、产权交易机构、资产与价值评估方法、贷款限额、贷款期限、贷款利息率、处置及风险分担机制、贷款难易以及市场化程度等方面存在的共性及差异进行比较，探讨农地经营权主体存在的差异

---

① 换言之，市场合约是与抵押双方直接发生抵押钱款交易的行为相对应的，即抵押的直接定价，在下文的分析中，可将"市场合约"与"抵押的直接定价"做同义转换；组织合约是与抵押双方间接发生抵押钱款交易（需要引入对农地抵押起决定性作用的具有信息收集与定价功能的第三方主体）的行为相对应的，即抵押的间接定价，在下文中，可将"组织合约"与"抵押的间接定价"做同义转换。

性及不同农地经营权主体下农地抵押合约方式的选择、匹配等问题，从而为不同的抵押主体获得贷款提供借鉴参考。

三、制度设计及改革启示

本章基于三权分置背景下"农地经营权流转的合约选择""农地经营权抵押的合约选择"这两部分的研究，进行制度的设计，在总结前述两部分研究的经验及存在问题的基础上，着重探讨如何通过农地经营权流转、抵押从而更有效地实现"三权分置"的政策目标。在此基础上，探讨通过怎样的合约结构、选择何种流转形式既能改变农地流转范围较小且主要发生于熟人社会内部、具有人身依附等差序特征从而导致农地流转合约不规范的情形，同时又能兼顾农业现代化进程中规模经营主体通过农地经营权进行抵押贷款融资的有效需求这一问题，试图通过合约的设计来促进农地经营权流转与抵押进程并解答上述问题，借此提出理论与实践启示。

第四章 差序治理、政府介入与农地经营权流转合约选择

当农地经营权发生流转时，农户面临着不同的合约选择，而选择不同的合约，有着不同的责权利关系，这些约束或规定影响着农户的选择和行为，从而带来不同的收益。同样，不同的成本收益又影响着农户不同的合约选择。我们不禁要问，农地流转的现实情况是否与现代合约经济学的观点认为的书面正式合约、长期合约以及市场化的合约租金能够提高合约稳定程度、降低交易费用、减少履约风险相一致？又是什么原因导致缔约双方在农地流转时选择口头、短期及象征性租金的合约，而双方又在何种情境下倾向于采用书面正式、长期及市场化租金的合约？其背后的机理又是什么？由于政府肩负着农地流转规则制定与完善、促进流转合约方式书面化、显化流转租金、延长流转期限等职能，政府介入又对合约的选择产生了什么影响？因此，深化对农地流转合约选择及其机理的理解，有助于丰富合约及其治理理论，为促进农村土地要素市场发育提供参考，特别是在当前加快推进农业现代化、适度规模经营以及农地合理有序流转的现实背景下，具有较强的理论意义和实践价值。

在"三权分置"政策背景下，本章试图从我国农村特定的文化意蕴出

发，构建"差序治理"理论分析框架，借助对江西、辽宁两省1628户农户（其中参与流转农户为979户，519户为转出农户，460户为转入农户）入户调研的一手数据，运用定量分析工具，从农地转入与转出两方面探讨差序治理对流转合约方式、合约租金以及合约期限的影响，并进一步检验政府介入条件下差序治理对农地流转合约选择的影响程度及强度，由此得出本章研究结论。

本章的结构安排如下：第一，讨论经营权分置与农地经营权流转的关系，从而引出"差序治理"及本章研究主题；第二，从理论上分析差序治理、政府介入与农地经营权流转合约选择的关系；第三，数据来源与描述分析；第四，模型构建与变量选择；第五，研究结果与分析；第六，本章小结。

第一节　经营权分置与农地经营权流转的关系

"三权分置"的关键在于落实所有权、稳定承包权、放活经营权。"三权分置"是在坚持农村土地集体所有制基础上对家庭承包经营的适应性调整，土地集体所有是经营权流转的根本。赋予农民有保障的土地承包权，是落实和推进"三权分置"的前提。放活经营权是在不改变农民土地承包关系的前提下，将土地经营权以多种方式向专业大户、家庭农场、专业合作社等多种经营主体转让，发展多种形式的规模经营，且经营权可以抵押、担保，放活经营权是"三权分置"的关键。

根据前述对"三权分置"政策目标的剖析，实现"三权分置"的前提是在坚持土地集体所有的基础上，将土地承包经营权一分为二，分置为承包权与经营权，其本质在于将具有物权性质的农户承包权和具有债权属性的农地经营权相分离。《中华人民共和国农村土地承包法》规定承包经营权可以用来流转，但因承包权依附于成员权存在，故承包权流转不为政策所允许。由于法律冲突造成了这种自相矛盾的情形，为此，农地制度改革亟须实行"三权分置"。在"两权分置"情境中，集体享有所有权，农户享有承包经营权，承包经营权属于承包权与经营权二者的混合体。承包权是一种农户专有的成员权，只有集体经济组织内部的成员方拥有此资格，具有封闭、不可交易性。

那么经营权如何才能从承包经营权中独立出来从而实现经营权分置呢？必须通过经济学含义上农地的流动才能实现其分置价值（见图 4-1），否则，简单通过颁发农地承包权与经营权的两个证件文本就可以实现法律界定上的"三权分置"，但是这又具有何种经济意义呢？最后还是需要借助农地的具体流动，才能最终体现权属证书的价值。这是由于当农地承包权与经营权合一时，此时的权利状态为农地承包经营权，地权不发生任何变动，要实现"三权分置"的政策目标，就要发生农地权利及要素的流动，亦即农地经营权与承包权的分置须借助流转的行为方能实现，没有农地经营权流转，就不能有效实现农地经营权与承包权的分置，因此农地经营权的分置是与流转行为相伴而生的关系。

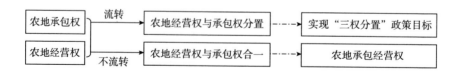

图4-1　农地承包权与经营权关系

由于在农地流转过程中具有不同的交易对象（如亲友、同村农户、外村农户、规模主体等），亦即农地经营权随着交易对象的不同而发生分置的环境存在差异，而分置环境的差异又会影响到流转缔约行为的不同，不同流转交易主体产生的承包权与经营权分置环境的差异在合约上体现为一种"差序治理"的特征。为此，本章内容旨在研究在经营权分置情境下，差序治理对农地经营权流转合约选择的影响。在"三权分置"制度背景下，土地承包经营权分置为承包权与经营权，从理论上讲，有助于减少土地的人身依附，促进农地流转并扩大流转范围，但由于当前我国农村土地市场发育并不完善，而政府肩负着农地流转规则制定与完善、促进流转合约方式书面化、显化流转租金、延长流转期限等职能，政府的介入有助于经营权分置环境的优化，因此将政府介入因素一并纳入本章的理论分析框架中。

第二节　差序治理、政府介入与农地经营权流转合约选择：理论分析

一、差序治理的内涵

同西方社会"团体格局"（相对独立的个体交往）情境下的社会关系不同，费孝通（1998）提出"差序格局"概念："我们的格局不是一捆一捆扎清楚的柴，而是好像把一块石头丢在水面上所发生的一圈圈推出去的波纹，每个人都是他社会影响所推出去的圈子的中心，被圈子的波纹所推及的就发生联系，每个人在某一时间某一地点所动用的圈子是不一定相同的。""差序格局"阐释了中国社会尤其是乡土社会中人与人的信任关系是以自己

为圆心、依次向外扩散的，这意味着自身同他人关系在信任程度上存在亲疏远近之分。而驱动这一波纹的"石头"则是立足家庭并以家庭为核心的血缘关系，"血缘关系在乡村社会的投影"形塑了地缘关系。换言之，我国乡村社会情境下的人际交往是以血缘与地缘为基石的，并因此催生"差序格局"。这种"差序格局"除了是一种道德范式外，更为重要的还在于它是对社会稀缺资源进行分配的方式或格局（孙立平，1996）。在乡土社会自然经济情境中，家庭扮演了社会基本组织这一角色（钟契夫，2000），家庭及家族几乎垄断了内部成员全部的社会稀缺资源，除了包含土地、货币以及财产这类有形的资源，还囊括了地位、声望、名誉、权利以及心理满足等无形的资源。而掌握各类社会有形和无形资源的能力决定了作为社会网络关系中心的这个人或者这个家庭同他人之间信任关系的程度。黄光国（2010）将这些社会信任关系网络依次概括为强关联、熟人关联、弱关联和无关联。完全陌生的人之间表现为无关联；通过一般的交往和联系后，便生成了弱关联；与街坊邻居通过较为经常的联系和了解，构成了熟人关联；血缘和姻亲构成了强关联的生成机理。基于差序格局视角，个体之间由于信任关系的不同因此对应不同的互动规则：强关联属于情感型关系的范畴，其互动遵守血缘及亲缘间的需求规则；熟人关联不仅蕴含情感型关系，还包括工具型关系，适用人情规则；弱关联属于工具型关系，表现为弱关联的主体之间可能仅听说过对方但不熟悉，如校友、同乡等，不过个体间能利用弱关联去"套近乎"，使双方变得较为熟悉，适用公平规则，对于短期内的投资回报较为注重；无关联意味着主体之间是完全的陌生人，同样适用公平规则，相比弱关联，无关联更可能诱发机会主义行为（罗家德等，2012）。不可否认的是，法制中国的理念在社会主义市场经济有序运行中所发挥的作用与日俱增，然而，"关系"亦必不可少，特别是在广大农村，在差序格局下，其发挥重要作用的土壤一直存在（Winn，1994）。万俊毅等（2011）认为，时至今日，村落共同体依然表现为熟人社会。

差序格局视野中，不同的关联强度与相应的治理机制匹配，本书将此界定为"差序治理"。无关联及弱关联中的公平规则更应该通过政策、法规等正式制度的形式予以保障，具有较强的市场化特征，在这两种关联中关系程度均比较弱，偏向于采用弱关系治理的方式，因此本书将其界定为"弱关系治理"①；强关联中的血缘间的需求规则、熟人关联中的人情规则更多地通过非正式制度发挥作用，此两种关联中关系程度均较强，可将其界定为"强关系治理"，亦可称为"人情治理"。在本书中，"差序治理"的内涵体现在两个维度上：首先，在结构上，无论农地转出与转入，治理网络中流转农户占据主导性的中心位置，其他主体（亲友、同村农户、外村农户、规模经营主体等）根据农户与其关系强弱或可控度一圈圈地推出去形成外围层。其次，在行为上，治理网络的中心主体（流转农户）在熟人社会内部（亲友、同村农户之间）倾向于采用非正式但简单高效的人情交往逻辑（强关系治理），而关系较弱及控制范围薄弱的外围圈层（外村农户、规模经营主体等）倾向于选择具有一定市场化特征的合约（弱关系治理）以强化自身对农地的控制能力。事实上，流转农户作为治理网络的中心针对不同主体在治理中的互动博弈表现出这种差序性的社会关系格局，且依关系的强弱呈现出愈推愈薄的差序性关系格局。不难看出，差序治理本质上属于关系治理。

---

① 这里的"弱关系治理"是指在无关联和弱关联两种情境下，关系发挥的作用较小或基本不发挥作用，但"弱关系治理"并不能与"市场治理"画等号，"弱关系治理"只是具备了"市场治理"的某些特征，比如在农地流转中"弱关系治理"下流转合约方式倾向于书面化、租金倾向于市场化、期限倾向于长期化，而"市场治理"则明确要求流转合约形式书面化、租金市场化、期限长期化。

二、差序治理与农地经营权流转合约选择

农地流转的对象涉及不同主体,包括规模经营主体(主要是指产业化龙头企业、专业合作社、家庭农场)、外村农户、同村农户以及亲友四类。在"三权分置"的背景下,农地经营权随着交易对象的不同而发生分置的环境存在差异,而经营权分置环境的差异又会影响流转缔约行为的不同,不同流转交易主体产生的承包权与经营权分置环境的差异在合约上体现为一种"差序治理"的特征。在差序格局下,不同的流转主体对应不同的关联程度,进而衍生出不同的治理情境。下文将系统讨论不同的差序治理情境下差异化的流转合约的选择逻辑(见图4-2)。

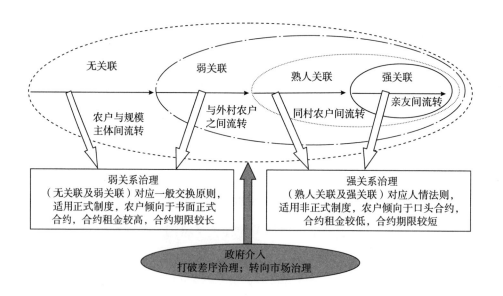

图4-2 差序治理、政府介入与农户农地经营权流转合约选择路径

以企业为代表的规模经营主体,一般与农户之间互不相识,因此体现

为无关联关系；对于外村①农户，一般地，由于同村农户与外村农户分属不同的自然村，但多数情况下同属一个行政村，因此，可以通过"套近乎"等方式建立起联系，此时体现为弱关联关系。在无关联和弱关联关系下，流转双方是一般交换的关系，由于彼此间缺乏信任或言信任度比较低，容易诱发机会主义行为，此时经营权与承包权的分置程度较为彻底，土地对人身的依附程度较低，趋向于市场化的交易方式，在差序治理中宜实行"弱关系治理"的范式，在流转合约方式选择上双方均更倾向于书面正式合约，在合约租金方面倾向于遵循市场化规则，由于流转双方信任程度较低，相应的谈判成本较高，因此也更倾向于通过较长合约期限进行规制来约束双方行为，并尽可能以此降低履约风险。

当农地流转发生在同一自然村内部时，村落作为熟人社会共同体，流转主体之间的关联度较强，这种同村农户之间的关系属于熟人关联和强关联关系。与弱关系治理不同，在熟人社会中农地经营权与承包权的分置程度较低，土地对人身的依附程度较高（土地在熟人社会中流转时肩负着情感、互惠、馈赠等职能），此时趋向于非市场化的交易方式，熟人关联以及强关联关系在差序治理中更适宜采用"强关系治理"的范式，相应地在农地流转时通常倾向于采取口头非正式合约的方式来约束双方，合约租金在

---

① 这里的"外村"是指自然村。一般地，农户将农地流转给外村是指流转给本自然村以外的农户，"本自然村"与"外村"多数情况下同属一个行政村，本课题组于2015年1~8月组织的对江西省丰城市和遂川县、辽宁省东港市和苏家屯区1628户农户的实地调查也佐证了这一论断。

通常情况下是一种象征性的地租①，合约期限通常为短期②，与同村农户间的流转相比，农地在亲友间流转时双方采取口头非正式、象征性租金、短期合约的可能性更大。

不难发现，当农地流转分别发生于农户与规模主体之间、与外村农户之间、与同村农户之间、与亲友之间时，分别对应着无关联、弱关联、熟人关联、强关联的关系。与此同时，土地对于人身的依附程度逐渐增强，而农地经营权与承包权的分置程度也随着分置环境（从生人社会向熟人社会）的不同而呈现为逐渐下降的趋势。

基于上述分析可知，农地流转发生在农户与亲友或与同村农户之间时，双方更倾向于强关系（人情）情境下的治理范式，相应地更倾向于缔结口头非正式、短期及象征性租金的合约；农地流转发生在农户与企业等规模经营主体或者与外村农户之间时，更倾向于弱关系情境下的治理范式，相应地更倾向于缔结书面正式、长期及市场化租金的合约。

因此提出本书假设1：流转双方关系越亲密，越容易呈现出强关系治理的特征，在此情景下，农户倾向于口头合约，合约租金较低，合约期限较短。

三、差序治理、政府介入与农地经营权流转合约的选择

在农村传统社会，作为"差序格局"基石的血缘及地缘关系建构了农

---

① 根据对江西、辽宁两省实地的调研发现，不少农户由于外出务工，为了避免自己承包的土地撂荒，便将农地给亲戚朋友或者邻居代耕代种，作为回报，代耕代种者一般只需每年给予原土地承包者几十至上百公斤粮食，有的甚至不需要付出任何代价。

② 这里的短期，通常情况下为一年期或者说是不定期限。本书在对江西、辽宁两省农户的实地调研中发现大量农户选择不定期限的合约，之所以没有期限是因为在熟人社会中发生流转后，想再耕种时可以随时收回自己的土地，为便于实证研究，本书将此类不定期限的合约界定为一年期限，这是因为虽然流转双方并未约定具体期限，但一般情况下，流转租金是每年结算一次，在结算租金时通常会试探性地询问对方明年是否继续流转农地。

民主导性的人际关系，但随着农村经济社会的发展，卜长莉（2003）、苏力（2017）认为，作为"差序格局"主要内容的人际关系导向已经发生变化，利益日渐成为差序格局中影响人际关系亲疏的重要因素。因此，一种可称为"关系+利益"的行为决策范式正从（传统版）"差序格局"向（现代版）"差序格局"过渡，这一进程突出了经济利益的重要性。亦即遵循关系亲疏而形成的"差序治理"逐渐朝"市场治理"方向转变。

然而邹宝玲、罗必良（2016）认为，当下流转仍难以突破熟人社会的边界，合约方式并不规范。这表明，以经济利益为导向的市场交易模式在推动农地要素交易非人格化的转变过程中作用仍十分有限，究其原因，主要是农村土地市场交易体制机制的不完善。中共中央办公厅、国务院办公厅印发的《关于引导农村土地经营权有序流转发展农业适度规模经营的意见》明确指出：（有关部门）要引导承包农户与流入方签订书面流转合同，并使用统一的省级合同示范文本。作为重要的第三方实施主体，政府肩负着农地流转规则制定与完善、促进流转合约方式书面化、显化流转租金、延长流转期限等职能。政府介入农地流转主要是指利用政府建立流转服务平台，或者通过基层乡镇政府、村集体代理农户和涉农企业、大户、家庭农场、合作社等规模经营主体进行谈判，农地流转租金、期限以及面积等主要由政府确定，政府介入流转以规范的合约形式、较长的合约期限和市场化的租金，使土地在农户与大户、涉农企业等规模主体之间流动（王岩，2020），使资本、企业家才能、市场优势与农地资源良性匹配，从而提高流转双方收益和农地利用效率（诸培新等，2015）。

政府介入农地流转后，一方面，鉴于我国农地细碎化、小规模经营的现状，基层政府代理农户寻找潜在的交易对象，分别同交易双方进行谈判、缔约，降低了流转双方交易环节信息搜集的成本，便于寻找到合适的流转对象。另一方面，采用书面正式合约的方式和较长的合约期限对交易双方均构成了一种保障机制，具有法律约束效力，降低了流转后监督合约履行的成本。因此，政府介入的流转，通过构建并完善市场交易规则，对基于关系亲疏而形成的差序治理起到了瓦解作用，利于实现流转合约方式书面化、合约期限长期化及合约租金的市场化（见图4-2）。

据此，提出研究假设2：政府介入农地流转有利于打破基于关系亲疏基础上的"差序治理"格局，促使农户农地流转合约选择从关系治理向市场治理的方向转变，在此情景下农户倾向于书面正式合约，合约租金较高，合约期限较长。

通过上述理论分析，在"三权分置"的背景下，农地经营权随着交易对象的不同而发生分置的环境存在差异，而经营权分置环境的差异又会影响到流转缔约行为的不同，不同流转交易主体产生的承包权与经营权分置环境的差异在合约上体现为一种"差序治理"的特征。本书选取"差序治理"来表征对农户农地流转合约选择的影响，这里的合约选择内涵包括合约方式、合约期限及合约租金三重意思表达。农地流转作为一种交易行为，除了"差序治理"这一核心变量外，本书还选取了"户主及其家庭特征""农地特征"以及"村庄特征"三个方面的控制变量构建了一个简要的对农户农地流转合约选择产生影响的分析范式，并重点探讨政府介入后"差序治理"对农地流转合约选择的影响程度及强度。其中，户主作为家庭活动最主要的决策者，对农户家庭经济活动有着决定性影响（张建等，2016），因此将"户主及其家庭特征"引入；以承包地面积、地块数为外化的"农地特征"在农地经营权流转的过程中是相关主体最为关注的（马贤磊等，2015）；农地经营权流转能否在一个稳定的环境下开展将深刻影响到农户的行为决策（王岩等，2015），因此将"村庄特征"也纳入本书分析框架之中。

第三节 数据来源与描述分析

一、数据来源

本书的数据来自课题组 2015 年 1~8 月组织的对江西、辽宁两省农户的调研，此次调研以"农地流转、流转合约与农业规模经营"为主题，涉及农地流转、农业规模经营、农民收入、土地产权及农村社会、经济与社会治理等相关内容。此次调研在上述两省份各选择了两个县（区、市），其中江西省选择了丰城市和遂川县，辽宁省选择了东港市和苏家屯区，本次入户调研共涉及 15 个乡镇、56 个行政村的 1700 多户农户，其中有效农户为 1628 户（江西省为 817 户，辽宁省为 811 户）。为保证调研质量，调查主要步骤如下：第一，根据地理位置、农地资源禀赋和区域代表性，选择了江西省和辽宁省两个调研点，主要是因为这两个地区的经济发展水平、地形地貌和土地制度的实施均存在明显的差异，易于考察农村地区差异化的土地流转特征，具体地，辽宁省苏家屯区和东港市以平原为主，江西省丰城市和遂川县以丘陵为主。苏家屯区位于沈阳市近郊，是介于城市与农村两者间错综复杂的地域综合体，在发展农业的过程中通过城市辐射作用为其带来优势，同时也面临被城市吞噬的压力；东港市属于丹东市管辖，地处东北亚、环渤海和环黄海三个经济圈的交会点，具有港口城市的特点。丰城市在行政辖区上属于宜春，拥有耕地面积 124.44 万亩，名列江西省第一位，是典型的粮食主产区；遂川县位于江西省西南边陲，是吉安市面积最大、人口最多的县。第二，为保证样本选择的随机性，在上述两省四县区

（市）各随机选择3~4个乡（镇），每个乡（镇）选择3~4个行政村，每个村随机挑选30户左右的农户进行入户调查。在1628户农户中，有519户发生了转出行为，460户发生了转入行为，各调研县区（市）的流转情况如表4-1所示。第三，参与此次调研的调查员均为本校的研究生，在正式调查开始前，对调查员进行了统一的调查培训，对调查问卷涉及的相关内容进行了解释，明确相关问题的内涵，最大限度地保证调查内容的可靠性。

为考察"差序治理"与农户农地流转合约选择的问题，本部分研究内容通过问卷调查设计了"农地流转对象（亲友间流转、同村农户间流转、农户与外村农户间流转、农户与企业等规模经营主体间流转）""采用何种合约方式流转土地（书面正式合约、书面非正式合约①、口头非正式合约）""合约期限""合约租金（固定租金、实物租金、浮动租金）"等问题，并实证检验差序治理对农户农地流转合约选择的影响。进一步地，为了检验政府介入后差序治理是否仍对农户农地流转合约选择产生影响，调查问卷中还设计了"政府介入（农地流转是否由政府组织）"等相关问题。

表4-1　调查地点与问卷分布

调研省份	城市	调研县区（市）	有效问卷量	转出户数量	转出比率（%）	转入户数量	转入比率（%）
辽宁	沈阳	苏家屯区	392	40	10.20	133	33.93
	丹东	东港市	419	212	50.60	90	21.48
江西	宜春	丰城市	383	137	35.77	139	36.29
	吉安	遂川县	434	130	29.95	98	22.58
合计			1628	519	31.88	460	28.26

---

① 这里讨论的合约方式分为书面正式合约和口头非正式合约。但在实际调研中发现，除了这两种合约外，还存在第三者证明及非规范书面协议（也称书面非正式合约，指农户间私下自发签订的在法律意义上不具有效力的书面协议），本次对江西、辽宁两省1628户农的户调研中，这两种合约总数达到了38份，但不管将其划分到书面正式合约或者口头非正式合约都不科学，故将这38份问卷剔除。

二、差序治理与农地流转合约选择：描述性证据

根据理论部分的分析可知，差序治理在本质上属于一种关系治理的范畴，具体可以细分为强关系治理以及弱关系治理，在弱关系治理情境下农户在农地流转时可能更倾向于书面正式合约，合约期限较长，合约租金较高；强关系治理下选择口头非正式合约的可能性较大，合约期限较短，合约租金较少（多为象征性租金）。理论部分的分析可从表4-2的描述性证据中得到初步印证，一方面，农地流转行为多发生在亲友及同村农户这一熟人社会中（这一比例在农地转出和转入中分别占70.33%、92.18%），发生于农户与亲友或与同村农户之间的流转其合约方式呈现出口头非正式特征（在转出与转入行为中，书面正式合约所占比例均在10%以下）、合约租金多为象征性地租、合约期限较短（2.25年以下），体现为强关系治理的特点。另一方面，随着差序治理的外扩，当流转发生在农户与外村农户及与规模经营主体之间时，书面正式合约所占比例逐渐扩大，合约租金逐渐变高、期限变长，呈现出具有一定市场治理特征的弱关系治理范式。描述性证据初步验证了假设1，更严谨的计量检验见实证部分。

表4-2　差序治理与农地流转合约选择

单位：户，%，元/亩，年

治理情境	转出						转入					
	流转数量	占比	书面正式合约数量	占比	租金	期限	流转数量	占比	书面正式合约数量	占比	租金	期限
亲友间流转（强关联）	90	17.34	2	2.22	157.11	1.24	132	28.70	5	3.79	298.55	1.84

续表

治理情境	转出						转入					
	流转数量	占比	书面正式合约数量	占比	租金	期限	流转数量	占比	书面正式合约数量	占比	租金	期限
同村农户间流转（熟人关联）	275	52.99	26	9.45	302.10	2.25	292	63.48	27	9.25	307.61	1.87
与外村农户间流转（弱关联）	74	14.26	40	54.05	416.89	7.19	30	6.52	6	20.00	465.40	3.50
与规模经营主体间流转（无关联）	80	15.41	45	56.25	447.42	10.11	6	1.30	4	66.67	486.67	5.83
总计	519		113				460		42			

三、差序治理、政府介入与农地流转合约选择：描述性证据

表4-3和表4-4反映了政府介入农地流转后对差序治理及合约选择的影响。具体地，表4-3说明政府介入农地流转抑制了基于关系尤其是基于血缘和地缘等强关系治理的"差序治理"格局。对于转出而言，政府介入前农户将农地转给亲友和同村农户的比例达88.28%，介入后这一比例则仅为26.67%；对于转入而言，政府介入后，"差序治理"的格局也逐渐得到破除。

表4-3 政府介入与流转对象 单位:%

政府介入	转出				转入			
	流向亲友	流向同村农户	流向外村农户	流向规模经营主体	从亲友流入	从同村农户流入	从外村农户流入	从规模经营主体流入
有政府介入	1.48	25.19	38.52	34.81	23.08	30.77	15.38	30.77
无政府介入	24.48	63.80	7.03	4.69	30.88	59.68	5.99	3.45

表 4-4 意在说明在流转对象给定时，是否存在政府介入对农户农地流转合约选择的影响，不难看出无论是转入还是转出，在政府介入的情境下，按照亲友、同村农户、外村农户、规模经营主体这四组流转对象进行分组，流转时签订书面正式合约所占的比例均远高于无政府介入的情形，而政府介入时流转期限也明显高于未介入的情形，流转租金亦比无政府介入时高。上述趋势体现了政府介入对差序治理格局的瓦解和破除，政府介入促使农户农地流转合约朝着市场化方向转变，基于强关系纽带生成的强关系治理正逐渐被市场治理所取代。由于弱关系治理本身具备一定的市场治理的特征，而政府介入弱关系后，使其市场特征更加明显并趋于完善（可从表 4-4 中得出）。一个鲜明的证据在于，政府介入后，即使农地是在亲友间发生流转，在转出与转入时签订书面正式合约的比例也分别从政府介入前的 2.15%、2.36% 骤升至 33.33%、37.50%；政府介入后，流向亲友时的租金也从介入前象征性的 159.68 元增至 316.67 元，增加了近 1 倍，期限也从 1.43 年升至 4.00 年。其余各组的情形与在亲友间发生流转类似，从而初步验证了假设 2，更严格的检验见实证部分。

表 4-4　政府介入与不同流转对象的合约选择

单位:%，元/亩，年

流转对象	政府介入	书面正式合约比例	租金	期限	流转对象	政府介入	书面正式合约比例	租金	期限
流向亲友	有政府介入	33.33	316.67	4.00	从亲友流入	有政府介入	37.50	308.57	2.6
	无政府介入	2.15	159.68	1.43		无政府介入	2.36	277.09	1.70
流向同村农户	有政府介入	50.00	483.88	4.91	从同村农户流入	有政府介入	42.86	325.00	3.67
	无政府介入	4.05	278.07	1.97		无政府介入	7.94	285.42	1.76
流向外村农户	有政府介入	64.71	440.58	6.27	从外村农户流入	有政府介入	50.00	415.50	3.00
	无政府介入	33.33	396.52	3.67		无政府介入	10.00	376.25	3.00

续表

流转对象	政府介入	书面正式合约比例	租金	期限	流转对象	政府介入	书面正式合约比例	租金	期限
流向规模经营主体	有政府介入	77.27	519.52	10.07	从规模经营主体流入	有政府介入	75.00	480.00	8.25
	无政府介入	35.00	506.84	4.31		无政府介入	33.33	486.67	6.17

第四节　模型构建与变量选择

一、模型构建

本部分研究基于辽宁、江西两省 1628 户农户（其中 979 户参与流转）的调研数据，拟借助计量模型从转出与转入两方面考察差序治理对农户农地经营权流转合约选择的影响，并讨论政府介入条件下差序治理对合约选择的影响。

结合前述理论分析，我们认为农户农地流转缔约行为决策主要受到农户与缔约对象之间的关联程度的影响，即"差序治理"的影响，此外还受到"政府介入"因素的影响，同时也受到农户本身的"户主及其家庭特征""农地特征""村庄特征""区域虚拟变量"四个方面因素的影响。因此，构建计量模型如下：

$$
\begin{cases}
F_i = \alpha_{F0} + \alpha_{F1}X_i + \alpha_{F2}D_i + \alpha_{F3}X_iD_i + \sum_{i=1} \alpha_{Fmi}H_{mi} + \varepsilon_{Fi} \\
P_i = \alpha_{p0} + \alpha_{P1}X_i + \alpha_{P2}D_i + \alpha_{P3}X_iD_i + \sum_{i=1} \alpha_{Pmi}H_{mi} + \varepsilon_{Pi} \\
R_i = \alpha_{R0} + \alpha_{R1}X_i + \alpha_{R2}D_i + \alpha_{R3}X_iD_i + \sum_{i=1} \alpha_{Rmi}H_{mi} + \varepsilon_{Ri}
\end{cases}
$$

式中，i 表示样本观测值；F_i 表示农户农地经营权流转合约方式的二分变量，0 为口头非正式合约，1 为书面正式合约；P_i 表示农户农地经营权流转时所约定的合约期限，单位为年；R_i 表示农地经营权流转时的合约租金（取对数值）；而 X_i 表示差序治理；政府介入用 D_i 来表示，无政府介入时 D_i 为 0，有政府介入时 D_i 为 1；X_iD_i 表示差序治理与政府介入的交叉项；H_{mi} 表示"户主及其家庭特征""农地特征""村庄特征""区域虚拟变量"等；α_{F0}—α_{R0} 表示三个方程的常数项；α_{F1}—α_{R1} 和 α_{Fmi}—α_{Rmi} 表示估计系数；ε_{Fi}—ε_{Ri} 表示随机误差项。

同一方程的随机误差项在不同的观测值之间不存在自相关，但是就农地经营权流转的缔约行为决策而言，合约方式、合约期限、合约租金的决策属于一项决策的不同层面，本身就有一定的相关性，应使用似不相关回归方法对上述方程组进行系统估计。

二、变量选择

（一）差序治理

借鉴黄光国（2010）将社会关系网络依次概括为强关联、熟人关联、弱关联和无关联的划分方法，差序治理主要通过"农地流转对象"（农地转出或转入去向）这一指标来显化。农户与亲友、同村农户、外村农户及企业等规模经营主体发生农地流转时，存在不同的关联程度，进而有着弱关系治理及强关系治理范式的差异，相应地，在农户农地流转合约选择时，在合约方式、合约期限及合约租金方面可能会采取截然不同的方式。

（二）政府介入

政府介入通过"农地流转是否由政府组织"这一指标来体现。政府介入农地流转主要是指利用政府建立流转服务平台，或者通过基层乡镇政府、村集体代理农户和涉农企业、大户、家庭农场、合作社等规模经营主体进行谈判，农地流转租金、期限以及面积等主要由政府确定，政府介入流转以规范的合约形式、较长的合约期限和市场化的租金使土地在农户与大户、涉农企业等规模主体之间流动，使资本、企业家才能、市场优势与农地资源良性匹配，从而提高流转双方收益和农地利用效率（诸培新等，2015）。政府介入下农地流转合约一般呈现为书面正式、长期、市场化租金的特征。

（三）户主及其家庭特征

户主及其家庭特征拟通过"户主年龄""户主受教育程度""户主是否村干部""户主是否有外出务工经历""家庭主要收入来源""家中参加社保人数"这五项指标来体现。Lang 等和 Masterson 认为，随着户主年龄的增加，其精力和体力逐渐下降，因此户主年龄越大，其转入农地的可能性越小，而转出农地的可能性增大，但户主年龄对流转合约选择的影响不确定。陈秧分等（2009）认为，户主受教育程度反映农户家庭经营自适应能力，比如是否愿意外出从事非农活动等，户主受教育年限越高，对外界新思想以及新事物接受的能力越强，在农地流转的合约选择中越可能突破关系的藩篱，进而选择市场化合约。当户主是村干部或有外出务工经历时，与普通群众相比，其由于见过一定的世面、思想觉悟较高而遵循正式规则制度采用市场化合约流转农地的可能性较大（郭继，2009）。家庭主要收入来源越是依赖于农业收入，农业资产现值越高，农业经营收益对农户的重要性越强，因此这类农户通常会采取书面正式、较长期限的合约流转农地，以保障自身土地权益（王岩等，2015）。农户家中参加农村社保人数越多，越有利于分担农地承载的保障职能（苏群等，2016），农户家中参加社保人数不同，在农地流转合约选择中可能面临不同的决策。

（四）农地特征

农地特征用"承包地面积"与"地块数"来体现。在丘陵地区农地细碎化的背景下，承包地块数越多，越容易增强农户转出土地的意愿，因急于想将农地转出，此时农户可能并不太在意合约期限及合约方式（付江涛等，2016）。承包地面积较大的农户，在转出农地时为了追求较高的租金，通常更希望以书面合约方式长期租出土地（孟召将，2012）。

（五）村庄特征

本书选择"水利灌溉设施是否有保障"及"所在村庄道路状况"来反映村庄特征。水利灌溉设施的保障程度和村庄道路状况作为外部环境的表现，当水利设施条件良好、村庄道路通畅时，对于农地流转而言，具有正外部效应（黄季焜，2008），有利于增加流转收益，因此流转双方可能更倾向于选择市场化的合约以充分保障自身收益及土地权益（贾燕兵，2013）。

（六）区域特征

为控制区域未观测到的社会、经济和制度等要素对因变量的影响，本部分还设置了东港市、丰城市和遂川县三个区域虚拟变量。

变量赋值的解释说明及平均值、标准差等描述性统计如表4-5所示。

表4-5　变量赋值说明

变量		变量定义	转出		转入	
			平均值	标准差	平均值	标准差
主要自变量	差序治理	农地流转对象：亲友=1；同村农户=2；外村农户=3；企业等规模经营主体=4	1.82	1.02	1.76	0.70
	政府介入	无政府介入=0；政府介入=1	0.25	0.46	0.06	0.23

续表

变量			变量定义	转出		转入	
				平均值	标准差	平均值	标准差
控制变量	户主及其家庭特征	户主年龄	单位：岁	55.46	11.98	57.23	9.89
		户主受教育程度	文盲=1；小学=2；初中=3；高中=4；本科以上（含大专）=5	2.52	1.58	2.68	1.83
		户主是否村干部	否=0；是=1	0.07	0.28	0.06	0.33
		户主是否有外出务工经历	否=0；是=1	0.22	0.36	0.19	0.50
		家庭主要收入来源	种地收入=1；外出打工收入=2；小本生意收入=3；政府救济=4；其他=5	1.47	4.72	1.29	4.53
		家中参加农村社保人数	单位：人	2.20	2.07	1.99	2.43
	农地特征	承包地面积	单位：亩	7.65	5.42	7.23	4.96
		地块数	单位：块	4.84	4.56	5.03	4.90
	村庄特征	水利灌溉设施是否有保障	无保障=1；一般=2；有保障=3	2.14	1.53	2.21	1.46
		所在村庄道路状况	不好=1；一般=2；好=3	2.03	1.25	1.98	1.37
	区域特征	东港市	东港市=1；其他=0	0.40	0.45	0.38	0.37
		丰城市	丰城市=1；其他=0	0.31	0.46	0.24	0.55
		遂川县	遂川县=1；其他=0	0.29	0.47	0.37	0.41
因变量		合约方式	口头非正式合约为0；书面正式为1	0.29	0.45	0.17	0.38
		合约期限	单位：年	1.59	0.95	1.31	0.88
		合约租金	单位：元/亩·年	289.5	337.3	310.7	284.3

第五节 研究结果与分析

表4-6为相关系数矩阵的测算估计，表明在调研区域的农地经营权流转过程中，合约方式、合约期限与合约租金之间存在一定相关性。所以，我们认为选取似不相关回归模型比较合适。

表4-6 合约方式、合约期限与合约租金相关系数矩阵

变量	转出			转入		
	合约方式	合约期限	合约租金	合约方式	合约期限	合约租金
合约方式	1	—	—	1	—	—
合约期限	0.425	1	—	0.464	1	—
合约租金	0.368	0.017	1	0.297	0.011	1

从表4-7与表4-8可以看出，无论是农地转出还是转入，差序治理对农户农地流转合约方式、合约期限及合约租金均在5%水平上产生了正向显著影响，表明以关系治理为表征的差序治理对农户农地流转合约的选择具有十分重要的影响，农户与流转（转出或转入）对象关系越亲密，越呈现出强关系治理的鲜明特点，此时相应的农户倾向于选择口头非正式、短期及象征性租金的合约；反之，则呈现出弱关系治理特点。从而验证了研究假设1。

从"差序治理×政府介入"这一交互项对合约选择的影响可以看出，存在政府介入时，对于农户农地转出行为而言，差序治理对合约方式、合约期限、合约租金的影响不再显著。存在政府介入时，对于农户农地转入行为而言，此时差序治理对合约方式、合约租金的影响不再显著，而对合约期限的影响也仅在10%水平上呈现为正向显著。因此，政府介入农户转入行为后，差序治理对合约选择的影响程度明显降低，甚至不再产生显著影响。不难看出，政府介入农地流转进程后逐渐打破并瓦解了基于关系亲疏而呈现出的"差序治理"格局，促使关系治理朝着市场治理方向转变和完善。其他控制变量对合约选择的影响如表4-7和表4-8所示。

表4-7 差序治理、政府介入与农地转出合约选择

变量		合约方式		合约期限		合约租金	
		系数	Z值	系数	Z值	系数	Z值
主要自变量	差序治理	0.812**	2.31	0.340**	1.98	1.304**	2.45
	政府介入	1.034***	2.85	0.854**	2.03	0.606***	3.01
	差序治理×政府介入	0.343	0.63	0.766	1.11	0.019	1.54
户主及其家庭特征	户主年龄	-0.176**	-2.13	0.519	1.03	0.048	0.95
	户主受教育程度	0.024*	1.78	0.442**	2.37	0.234**	2.06
	户主是否村干部	0.207**	2.33	0.313	1.48	0.343**	2.37
	户主是否有外出务工经历	0.065	0.46	0.976	1.51	0.335	0.81
	家庭主要收入来源	-0.301**	-1.99	-0.436	-0.77	-0.691	-1.34
	家中参加农村社保人数	-0.787	-1.12	0.052	1.24	-0.278	-1.55
农地特征	承包地面积	0.010**	2.35	0.002*	1.67	0.009*	1.85
	地块数	-0.274	-1.03	-0.012	-0.45	-0.315	-1.56
村庄特征	水利灌溉设施是否有保障	0.432**	2.18	0.398	1.27	0.704	1.35
	所在村庄道路状况	0.017**	2.14	0.246	1.37	0.016	0.33
区域特征	东港市	-0.343	-0.93	0.456	0.20	-0.731*	-1.78
	丰城市	0.765	1.27	0.542	0.93	-0.005**	-2.27
	遂川县	-0.021	-1.44	0.373	0.72	-0.371**	-1.97

续表

变量	合约方式		合约期限		合约租金	
	系数	Z值	系数	Z值	系数	Z值
常数项	5.730***	2.73	3.408	1.45	−0.087*	−1.90
观测值	519		519		519	
拟合优度（R^2）	0.372		0.310		0.321	

注：*、**和***分别表示在10%、5%和1%水平下显著。

表4-8　差序治理、政府介入与农地转入合约选择

变量		合约方式		合约期限		合约租金	
		系数	Z值	系数	Z值	系数	Z值
主要自变量	差序治理	0.731**	2.13	0.303**	1.99	0.054**	2.32
	政府介入	0.932***	3.23	1.203*	1.67	0.559**	2.44
	差序治理×政府介入	0.442	1.07	0.331*	1.85	0.083	1.43
户主及其家庭特征	户主年龄	−0.175**	−2.43	0.332	1.01	0.089	1.38
	户主受教育程度	0.339**	2.17	0.371*	1.67	0.420*	1.75
	户主是否村干部	0.852**	2.13	0.088	1.33	0.704	1.52
	户主是否有外出务工经历	0.541	1.05	0.739	1.24	0.370	1.43
	家庭主要收入来源	−0.224*	−1.95	−0.233	−1.09	−0.446	−1.37
	家中参加农村社保人数	0.831	1.29	−0.784	−1.21	−0.026	−0.73
农地特征	承包地面积	0.002**	2.44	0.011**	2.26	0.004**	1.98
	地块数	−0.226	−1.43	−0.028	−0.93	−0.067**	−2.04
村庄特征	水利灌溉设施是否有保障	0.203*	1.85	0.403	1.13	0.144	0.27
	所在村庄道路状况	0.076	1.36	0.963	0.77	0.204*	1.89
区域特征	东港市	−0.716	−1.26	0.476	1.37	−0.217	−1.03
	丰城市	0.389	0.67	0.566	0.89	−0.215**	−2.44
	遂川县	−0.038	−0.43	0.986	1.32	−0.483***	−3.05
常数项		3.444**	2.35	−5.211***	−3.41	0.536	1.32

续表

变量	合约方式		合约期限		合约租金	
	系数	Z值	系数	Z值	系数	Z值
观测值	460		460		460	
拟合优度（R^2）	0.345		0.308		0.313	

注：＊、＊＊和＊＊＊分别表示在10%、5%和1%水平下显著。

进一步地，表4-9给出了政府介入及无政府介入情境下差序治理对农户农地流转合约选择的边际影响，从中可以发现，无论对于转出还是转入，在政府介入的情境下，差序治理弱化了对合约方式、合约期限及合约选择的影响，这表明政府介入会明显削弱差序治理对农地流转合约选择的独立影响（此时差序治理对转入时合约选择的影响不再显著，差序治理对转出的影响仅在合约租金层面呈现为10%水平上正向显著）。而在无政府介入情境下，无论对于转出还是转入，差序治理对于合约方式、合约期限、合约租金的影响其正向显著程度均达到了1%或5%，表明没有政府介入农地流转的情境下，显化了差序治理对合约选择的影响及作用机理，从而验证了研究假设2。

表4-9　政府介入及无政府介入情境下差序治理对农地流转合约选择的边际影响

政府介入	转出						转入					
	合约方式		合约期限		合约租金		合约方式		合约期限		合约租金	
	系数	Z值	系数	Z值	系数	Z值	系数	Z值	系数	Z值	系数	Z值
政府介入=1	0.616	1.17	0.342	1.33	0.906＊	1.84	0.502	1.23	0.271	0.65	0.033	1.44
无政府介入=0	1.512＊＊＊	2.67	0.892＊＊	2.49	1.987＊＊＊	3.83	0.883＊＊＊	2.58	0.579＊＊	2.32	1.743＊＊	1.97

注：＊、＊＊和＊＊＊分别表示在10%、5%和1%水平下显著。

第六节 本章小结

农地经营权与承包权分置作为"三权分置"的政策目标，要实现该目标，就要发生农地权利及要素的流动，亦即须借助农地流转的行为方能实现，此时经营权才能从承包经营权中独立出来从而实现经营权与承包权的有效分置。由于在农地流转过程中具有不同的交易对象（亲友、同村农户、外村农户、规模主体等），在"三权分置"的背景下，农地经营权随着交易对象的不同而发生分置的环境存在差异，而分置环境的差异又会影响流转缔约行为，不同流转交易主体产生的承包权与经营权分置环境的差异在合约上体现为一种"差序治理"的特征。

通过本章研究发现：强关系治理和弱关系治理共同构成了差序治理的格局，因此，差序治理的本质是一种关系治理。对于差序治理，理论剖析显示，农地流转对象涉及不同主体，无关联及弱关联情境下（经营权与承包权分置较为彻底）的一般交换原则更加适用正式制度，倾向于通过具有市场化特征的政策、法规等形式予以保障，表现为"弱关系治理"，该情境更倾向于同书面正式合约方式、较长的合约期限及较高的合约租金相匹配；强关联与熟人关联中（经营权与承包权分置程度较低）的人情、需求规则多以非正式制度作为保障，表现为"强关系治理"，此情境更倾向于同口头非正式合约方式、较低的合约租金，较短的合约期限相匹配。当政府介入农地流转时，强化了经营权分置的环境，促使经营权与承包权分置程度提高，差序治理格局逐渐被打破，呈现出差序治理向市场治理转变的趋势。本章基于大规模农户调查数据，采用计量分析方法验证了上述理论推导。

以农户为中心，农户与各主体间的关联程度和亲疏关系不同，因而差序治理对流转合约选择有显著影响。需要注意的是，第一，本部分研究所述政府介入主要指政府主导，即政府以其强制力、行政命令等方式组织农地流转并介入流转进程。实际上，政府介入还有其他不同方式，譬如政府搭建流转服务平台、提供流转信息或给予一定的流转补贴等，此类政府介入显然不能与政府主导画等号，受数据限制，本书并未探讨其他不同类型的政府介入对农地流转中合约选择的差异治理格局的影响，后续研究有待进一步完善。第二，农地流转合约选择包括书面正式与口头非正式合约、长期合约与短期合约、市场化租金与象征性租金合约等多样化情境，对于诸如在具体的合约方式、合约期限及合约租金的选择中其边界何在，在谈判、签约、履约等环节又面临怎样的交易费用等，这些也都是合约优化选择研究中值得关注的问题。第三，通过本部分内容分析可知，政府介入可打破差序治理对流转合约选择的影响，促使合约选择从差序治理向市场治理转变，但政府在流转中存在既当"运动员"又做"裁判员"的潜在可能，因此须警惕公共政策的执行中存在的异化现象，谨防政府违背农民意愿强行充当中介实施流转及变相收回农地的现象（罗必良等，2013；熊云波等，2012）。

"三权分置"主要是为了有效实现农地流转与抵押的双重诉求，通过流转可以实现"三权分置"下承包权与经营权分置的政策目标，因此本章内容主要分析了农地流转中的合约选择问题，讨论了政府介入后差序治理对农地流转合约选择的影响。流转与抵押作为农地经营权最重要的两种处置方式，农地流转、适度规模经营以及农业现代化的实现需要资金的支持，在农地产权制度改革背景下，随着农地经营权的活化，包括农户、规模经营主体在内的不同农业经营主体对实现农地抵押贷款的诉求与日俱增，而"三权分置"的另一个政策目标在于经营权活化，而经营权活化需借助农地抵押予以实现，为破解农业经营融资难题，需要着重对农地经营权抵押问题进行分析，因此下一章内容将着重探讨农地经营权抵押中的合约选择问题。

第五章　农地经营权抵押合约选择

——基于抵押主体的差异

"三权分置"的主要政策目标有两个，其中一个政策目标是经营权与承包权的分置通过流转可以实现；另一个政策目标在于经营权活化，而经营权"活化"需借助农地抵押来完成。因此，在上一章对农地经营权流转合约选择问题进行讨论后，本章着重探讨农地经营权抵押中合约选择的问题，以丰富农地经营权抵押与合约理论，拓展农地经营权抵押的内涵及实践探索。

在"三权分置"制度改革背景下，随着农地经营权的"活化"，包括农户、规模经营主体在内的不同农业经营主体对实现农地抵押贷款的诉求与日俱增。那么，在农地经营权抵押过程中，作为抵押物的农地经营权既然存在主体上的差异，这种差异又会对农地经营权抵押的合约选择造成怎样的影响？已有文献鲜有涉及对这一议题的思考，但这一议题却是对现实中的农地抵押模式探索具有重要理论与实践意义的问题。为破解农业经营融资难题，本部分立足小农户与规模经营主体这两类农地经营权主体的差异，基于市场与组织合约的分类视角，从直接定价与间接定价的定价机制入手，运用对比分析的方法对不同地区试点案例存在的共性及差异进行比较，深入剖析农地经营权主体差异与农地抵押合约的选择，旨在解决农户主体与规模经营主体二者对于抵押合约的选择及匹配问题，剖析对于不同贷款主体来说选择何种合约更有利于实现抵押贷款。

本章余下内容的结构安排如下：第一，从理论层面对农地经营权抵押合约选择与抵押主体的差异展开分析，指出农地经营权抵押中存在普通小农户与规模经营主体两类主体的差异，而抵押中存在市场与组织两类合约的不同；第二，简要总结农地经营权抵押的制度背景，梳理我国典型地区的农地抵押模式；第三，基于农地经营权主体的差异，筛选出具有较强代表性的以农户为农地经营权抵押主体的宁夏同心与平罗、以规模经营主体为抵押主体的福建明溪与山东枣庄这两对典型案例，并进行主体差异下的抵押合约方式比较分析；第四，进一步从同一类型主体的抵押合约选择角度出发，对典型案例的比较进行进一步阐释；第五，提出本章的结论与建议。

第一节　农地经营权抵押合约选择与抵押主体的差异：理论分析

为了解决农业生产经营融资难题，中央决定通过政策引导，推动农村土地经营权抵押改革。2015 年 8 月，国务院印发了《关于开展农村承包土地的经营权和农民住房财产权抵押贷款试点的指导意见》，提出按照"三权分置"的有关要求"深化农村金融改革创新"。农地"三权分置"制度改革的目的和关键在于活化土地经营权，从而达到优化农村土地要素市场配置、实现农业现代化的目的。从经营权中活化出抵押权，通过赋予土地经营权以抵押、担保之权能，允许土地经营权人以土地经营权向银行等金融机构抵押贷款，以实现农地的交换价值，破解农业经营融资难题。为盘活农村沉睡的土地资产，同时规避当前法律明确禁止的以土地承包经营权进行抵押融资的规定，党的十八届三中全会之后，在"三权分置"的背景下，各地探索的农地抵押实践其实是一种在充分保障农户享有农地承包权的前提下，进行农地承包权及农地经营权的分离（李宁等，2016），然后以不超过二轮承包期剩余年限的农地经营权为担保物进行抵押的模式。

由此，便可以根据农村土地经营权主体是否与农村土地承包权人相一致，继而将农村土地经营权抵押主体区分为合一的普通小农户和相分离的规模经营主体两类①。同时，在实践的开展过程中，一些地区中的贷款人能够将农地经营权作为抵押物直接向金融机构融资，而另一些地区中的贷款人与金融机构不直接发生抵押关系，必须通过借贷双方之外的第三方主体（如行业协会、基金会、专业合作社以及反担保机构）介入对农地经营权作出担保方可进行抵押②。即存在 Cheung（1983）所界定的直接定价与间接定价两类合约的选择差异。

现有文献对农地抵押贷款的关注，多从法律角度入手，探讨农地抵押融资的可行性及以农村产权进行融资贷款的法律突破（Brasselle et al.，2002；肖诗顺等，2010；王岩，2016），而基于合约分类视角进行的研究较少。少数研究者基于合约理论探讨了农地抵押的信贷供给效应（曾庆芬，2014），通过威廉姆森的分析框架分析了资产的专用性及不确定性对农地抵

---

① 对于普通小农户，农地经营权人即农地承包权人，农地经营权自有；而对规模经营主体，一般而言，农地经营权人非农地承包权人，需通过农地流转方可获得农地经营权。

② 需要界定的是，本书所称的间接抵押均有借贷双方之外的第三方介入，这里第三方指贯穿于农地经营权抵押过程始终、对农地经营权抵押起决定性作用的具有信息收集与定价功能的机构或组织，只在农地抵押实现过程中某个环节发挥中介作用的机构（如价值评估机构）的介入不能左右对抵押（合约）方式的界定。

押贷款交易费用的影响（郭忠兴等，2014），但更多的是从抵押发生后在治理结构层面对其绩效进行论证，鲜有研究对抵押发生前合约方式的选择进行探讨，更缺乏对农地抵押主体差异与合约选择联系起来的理论与实践分析。虽然部分学者关注到了农地经营权抵押主体之间存在差异（汪险生等，2014；房启明等，2015；杨奇才等，2015），但却忽视了这种差异所带来的主体信息收集与定价费用的不同，以及由此所造成抵押方式中的合约选择的差异。

新制度经济学主要将合约的种类分为市场合约与组织合约（易宪容，1998），认为不同合约的选择主要在于交易费用的差异（林乐芬等，2015）。进一步从市场合约和组织合约的分类出发，市场合约与组织合约的区别并不是交易标的物是否为产品或者要素，而是在交易过程中是否引入了作为信息收集与定价专家的中心签约者，组织合约以组织的间接定价取代原初买卖双方之间直接的市场交易（何一鸣等，2014）。因此，农地抵押合约究竟是市场方式还是组织方式的主要判定标准，在于抵押双方（抵押人与抵押权人）是否发生抵押钱款的直接交易。当双方是直接"面对面"的抵押关系时，则为市场合约；当引入了对农地抵押起决定性作用的具有信息收集与定价功能的第三方主体时，则为组织合约。换言之，市场合约是与抵押双方直接发生抵押钱款交易的行为相对应的，即抵押的直接定价，在下文的分析中，可将"市场合约"与"抵押的直接定价"做同义转换；组织合约是与抵押双方间接发生抵押钱款交易（需要引入对农地抵押起决定性作用的具有信息收集与定价功能的第三方主体）的行为相对应的，即抵押的间接定价，在下文中，可将"组织合约"与"抵押的间接定价"做同义转换。

第二节　制度背景与现实探索

一、农地抵押的制度背景：从法律禁止到管制放松

农地经营权抵押历经了从法律禁止到政策松动和管制放松的一个过程。自 1995 年生效的《中华人民共和国担保法》规定，耕地、宅基地、自留地、自留山等集体所有的土地使用权不得抵押，到 2007 年《中华人民共和国物权法》出台并在第一百八十四条重申了《中华人民共和国担保法》第三十七条的规定，均表明农村土地抵押长期处于被法律所严厉禁止的状态。但随着国民经济客观环境的变化，为了增加农民进行融资的可能性、激发农村经济发展的潜力，农地抵押也开始逐渐呈现出政策松动和管制放松的迹象①，尤其是从 2010 年《关于全面推进农村金融产品和服务方式创新的指导意见》的出台到党的十八届三中全会提出："稳定农村土地承包关系并保持长久不变，在坚持和完善最严格的耕地保护制度前提下，赋予农民对承包地占有、使用、收益、流转及承包经营权抵押、担保权能"，无不体现着管制放松的特点（见表 5-1）。

---

　　① 事实上，2005 年《中华人民共和国物权法》草案四审稿及 2006 年草案五审稿中，均有土地承包经营权可"有条件抵押""土地承包经营权人有稳定的收入来源的，经发包方同意，可将土地承包经营权抵押"等规定，但草案六审稿删除了上述规定，原因是"《中华人民共和国物权法（草案）》须和《中华人民共和国农村土地承包法》《中华人民共和国土地管理法》等下位法保持一致"。

表5-1 农地经营权抵押贷款政策法规变迁

	时间	政策法规	具体内容
法律禁止	1995年	《中华人民共和国担保法》	该法第三十七条第二项：耕地、宅基地、自留地等集体经济组织所有的土地使用权不得抵押
	2002年	《中华人民共和国农村土地承包法》	该法第四十九条规定："通过招标、拍卖、公开协商等方式承包农村土地，经依法登记取得土地承包经营权证的，可依法采取转让、出租、入股、抵押等方式流转。"未规定以家庭承包方式取得的农地经营权能否抵押
	2005年	《最高人民法院关于审理涉及农村土地承包纠纷案件适用法律问题的解释》	该解释第十五条规定：承包方以其土地承包经营权进行抵押或者抵偿债务的，应当认定无效
	2007年	《中华人民共和国物权法》	该法第一百八十四条禁止以家庭承包方式取得的农地经营权进行抵押，但对经济性承包的"四荒"地上的土地承包经营权则是允许抵押
管制放松	2010年	中国人民银行《关于全面推进农村金融产品和服务方式创新的指导意见》	《意见》强调：在不改变土地集体所有性质和用途、不损害农民承包权益的前提下，探索开展相应的抵押贷款试点，丰富"三农"贷款增信的方式
	2013年	党的十八届三中全会《中共中央关于全面深化改革若干重大问题的决定》	指出：在坚持和完善最严格的耕地保护制度前提下，赋予农民对承包地占有、使用、收益、流转及承包经营权抵押、担保权能
	2014年	国务院颁布的《国务院办公厅关于金融服务"三农"发展的若干意见》	要求：尽快制定并完善农地抵押贷款试点管理办法，在经批准的地区开展试点
	2014年	中共中央办公厅、国务院办公厅印发的《关于引导农村土地经营权有序流转发展农业适度规模经营的意见》	明确了"按照全国统一安排，稳步推进土地经营权抵押、担保试点，研究制定统一规范的实施办法，探索建立抵押资产处置机制"的指导意见

二、实践探索的简要总结：主体差异与抵押方式

从城乡统筹和还权赋能改革试验区的成都，到西部地区的宁夏，再到

中部地区的武汉以及东部地区的福建、山东，各地都在进行农地经营权抵押贷款的实践探索。表5-2为各地主要的实践探索，从中可以发现如下几点特征：

表5-2　各地区农地经营权抵押贷款实践探索

地点	实践内容	合约类型
宁夏同心	自2003年起由村委会牵头成立土地流转服务合作者作为反担保组织，有贷款需求的农户以一定面积的耕地入股成为社员，在社员联保和合作社总担保的前提下向农村信用社贷款，期间土地经营权抵押给合作社 主要服务对象：农户　　　　　　　抵押物：农地经营权，团体信用	组织
黑龙江佳木斯	2014年，佳木斯市以民营资本注资成立了金成农村金融服务公司，从事农地经营权抵押融资之业务。主要流程为，贷款农民同该公司订立农地经营权流转合约，金成农村金融服务公司将农民的农地经营权作为抵押物向金融机构进行担保，金融机构在金成公司提供担保的前提下向贷款农民放款 主要服务对象：农户　　　　　　　抵押物：农地经营权	组织
吉林梨树等22县(市)	农民将其土地经营权流转给物权融资公司，由融资公司为农民提供担保，然后农民以此向金融机构申请贷款。若农民不能如期还款，融资公司会把贷款农民的土地经营权另行发包，所获款项归还金融机构，待新的承包人承包期满，土地经营权再退还原承包人 主要服务对象：农户　　　　　　　抵押物：农地经营权	组织
宁夏平罗	农户填写贷款申请表向村委会提出申请，村委会为农户出具贷款意见函及土地证书，农户持有村委会开具的贷款意见函向金融机构申请贷款 主要服务对象：农户　　　　　　　抵押物：农地经营权、收益权	市场
山东枣庄	按农地经营权流转及鉴证、抵押资产评估、委托担保、担保审查、发放贷款的流程，合作社等规模主体以农地经营权抵押贷款须由金土地融资担保有限公司提供担保，银行才放款。该担保公司提供担保的条件是贷款人提供反担保 主要服务对象：规模经营主体　　　抵押物：农地经营权、地上附着物	组织
四川成都	成都市金堂县自2011年开展农地抵押以来，产生了七宗抵押融资业务，共有2600亩农地获得了总计800万元的贷款，贷款人均为大户等经营主体 主要服务对象：规模经营主体　　　抵押物：农地经营权、种苗等附着物	市场

续表

地点	实践内容	合约类型
湖北武汉	体现为"交易—鉴证—抵押"的流程，通过武汉农交所为农地流转作出鉴证，发放农地流转鉴证书。在对农地及地上附着物等进行估价后，贷款人通过武汉农交所进行抵押登记等手续的办理，贷款限额不得超过估价核定价值的50% 主要服务对象：规模经营主体　　抵押物：农地经营权、土地附着固定资产	市场
福建明溪	明溪县为通过农地流转取得土地经营权，并从事连片种植业经营100亩以上、种养业50亩以上、设施农业50亩以上的规模主体提供担保贷款 主要服务对象：规模经营主体　　抵押物：农地经营权、地上附着物价值	市场

（1）抵押标的物以权利抵押为主，辅之地上附着物等固定资产及信誉等无形资产。由于法律禁止以土地承包经营权进行抵押，各地的农地抵押探索实施的是一种不改变家庭承包关系的农地经营权抵押模式，即先实现农地承包权与经营权分离，抵押的权利是农地经营权。对已开展的案例进行分析，农地抵押的标的即农地经营权主要可分两类：以农地家庭承包方式获取的经营权（宁夏平罗、吉林梨树等）及以农地流转方式取得的经营权（四川成都等）。无论以何种方式获取经营权，在主要以农地经营权作为抵押物的同时，地上附着物等固定资产（山东枣庄、四川成都）及贷款者等的信誉等无形资产也不可或缺（宁夏同心）。

（2）农地经营权抵押贷款主体的多元化趋势逐渐凸显。通过对贷款主要服务对象的分析可以看出贷款主体主要分为以下两类：一是以家庭为单位承包土地的普通农户，如宁夏同心与平罗都属此类；二是涉农企业、专业合作社、种养大户及家庭农场等规模经营主体，如湖北武汉和四川成都将农地抵押贷款主要贷给了当地的涉农企业和种植大户等规模主体。

（3）农地经营权抵押呈现为直接的市场合约与间接的组织合约两种方式。张五常认为，市场与组织合约的区别在于在交易过程中是否引入了作为信息收集与定价专家的中心签约者，由此农地经营权抵押究竟是市场合约还是组织合约的主要判定标准在于抵押双方（抵押人与抵押权人）是否发生抵押钱款的直接交易，只要双方是直接的抵押关系，则为市场合约，反之则为组织合约。从表5-2可知，宁夏同心、黑龙江佳木斯、吉林梨树、山东枣庄等地均以间接抵押的组织合约方式进行贷款，而宁夏平罗、四川成都、湖北武汉、福建明溪等地则以直接抵押的市场合约方式进行融资。

（4）农地经营权主体与抵押合约呈现为组合方式的特征。由于农地经营权主体可区分为普通农户以及规模经营主体，而抵押合约呈现为市场合约与组织合约两种方式，因此从理论上讲无论是农户还是规模经营主体，作为抵押主体时其都面临市场与组织两种合约方式的选择，但从表5-2的实践探索可知，当农户作为抵押主体时较多选择组织合约（农户作为经营权主体的四个案例中仅有宁夏平罗采用市场合约），而规模经营主体作为抵押主体时常选择市场合约的方式（规模经营主体作为经营权主体进行抵押的四个案例中仅有枣庄采用组织合约）。

第三节　农地抵押典型案例的选择与比较

一、典型案例：基于经营权主体与抵押合约差异的选择

由于农地经营权抵押贷款的主体有农户以及规模经营主体两种，而根据本书对合约方式的划分可将抵押合约分为市场与组织合约，从理论上讲农户在农地经营权抵押中既可以选择组织合约，也可以采取市场合约的方

式进行农地抵押贷款，而规模经营主体同样既可以选择市场合约，也可以采用组织合约①。基于此，从表5-2筛选出具有代表性的以农户为农地经营权抵押主体的宁夏同心与平罗、以规模经营主体为农地经营权抵押主体的福建明溪与山东枣庄这两对典型案例进行剖析和比较研究。

之所以选择同心与平罗这对以农户为抵押主体的案例，是因为两地具有诸多相似之处，但在抵押合约选择上同心是以组织合约的方式进行抵押，而平罗则是以市场合约方式进行抵押融资，因此对同属宁夏的这两个案例进行对比研究具有较强的代表性。第一，同心与平罗同属宁夏回族自治区，具有相似的地缘特征。第二，两地经济基础均较为薄弱，都属经济发展水平较为落后的西部地区，劳动力转移不畅，农业人口比重较大、农民人均纯收入较低，尤其同心还是国家级贫困县（2019年脱贫）。第三，两地农地抵押融资实践均产生了良好的经济和社会效益，两地的成功探索成为在西部经济较为落后地区推动农地经营权抵押贷款实践进程的明证。第四，两地农业主导产业具有鲜明的特色以及良好的发展势头。同心以牛羊为特色的养殖业和平罗的水稻种植业在本地区均是有着较强竞争力和发展活力的主导产业，两地的农地抵押都紧紧依托其主导产业和上下游关联产业开展融资设计，一来可以激发农地经营权抵押融资的市场潜力，二来可以借助相关主导产业获得的丰厚收益保障贷款人如期足额还贷，推进抵押融资的延续性。第五，两地耕地资源较为丰富。无论是同心还是平罗，农地经营权抵押融资的额度都和农地价值直接关联。两地的耕地资源禀赋相对丰富，保证了农户可以借助自有土地进行农地经营权抵押融资，以满足其农业生产的资金需求。因此，对上述以农户为抵押主体的农地抵押案例的选择具

---

① 但从实际分析来看，农地经营权抵押贷款业务的模式选择是基于当地的经济社会背景和地区生态环境而形成的，一般情况下，每类主体在当地具体的情境中只能选择市场或组织合约中的一种。

有一定的代表性，通过研究得出的结论能够为与所选案例具有相似地域特征的地区提供一定的参考借鉴。

选取以规模经营主体为农地抵押主要服务对象的福建明溪与山东枣庄这对案例，同样因为两地具有一系列相似之处，但在抵押合约方式选择上，明溪采用了市场合约，而枣庄则为组织合约，因此对这两个案例进行对比具有较强的代表性和现实意义。首先，两地均位于我国东部经济较为发达地区。其次，两地均组建了较为规范的农地产权交易平台。农地产权交易平台集农地流转价格信息获取、中介服务、价值变现及风险补偿等功能为一体，由于规模经营主体进行农地经营权抵押贷款的前提是通过农地流转市场这一平台合法获取农地经营权，明溪由贷款者通过乡镇（村）级农业服务中心实现农地经营权合法流转，枣庄则通过产权交易中心实现农地流转，两地案例中的农地经营权流转交易平台虽然名称、规模大小及建立方式有所差异，但均具有流转信息获取、价格发现等核心功能。最后，两地均订立了一套较为严格的操作流程和规范标准。由于农地经营权抵押贷款对现行法律构成了突破，抵押物的处置不可避免地存在法律以及市场风险，加之农业自身具有的弱质性致使农业生产的收益偏低而自然风险偏高，因此以农地经营权作为抵押物进行融资存在诸多风险因素。明溪及枣庄都制订了相关政策文件给予农地经营权抵押贷款以规范性引导，如《明溪县农村土地经营权抵押贷款管理办法》《枣庄市农村承包土地经营权抵押贷款管理办法》等；负责放款的相关金融机构也都订立了较为严格的融资贷款具体操作办法以防范风险的发生。综上，对上述以规模经营主体为抵押主体的农地抵押案例的选择具有一定的代表性，通过研究得出的结论能够为与所选案例具有相似地域特征的地区提供一定的参考借鉴。

本书在选定以农户为农地经营权抵押主体的宁夏同心与平罗、以规模经营主体为农地经营权抵押主体的福建明溪与山东枣庄这两对典型案例后，拟从案例的生成机制、贷款操作流程、主要服务对象、抵押物、融资机制、适用政策法规、产权交易机构、资产评估部门、价值评估方法、贷款限额、贷款期限、处置机制、风险分担机制、贷款难易及市场化程度等方面对比分析不同农地经营权主体下农地抵押贷款合约方式的选择。合约本身并无优劣之分，本部分要着重讨论的是农户及规模经营主体这两类主体选择哪种类型的合约更有利于获得农地抵押贷款，因此对合约的选择匹配进行判断时，倘若仅从某一模式存在的某项缺点来分析将有失偏颇，因此在对比分析不同农地经营权主体下农地抵押贷款合约方式的选择时，判定农户及规模经营主体这两类主体选择哪种合约更有利于获得贷款的标准主要是基于对获得贷款难易程度、贷款限额、贷款期限、风险分担及违约处置方式、市场化程度等关键指标的综合考量之上。

二、农户作为农地经营权抵押主体的合约方式比较：同心 vs 平罗

（一）同心案例

宁夏同心县是最早探索农地经营权抵押反担保融资试验的地区之一，"反担保"机制的创设为农地经营权抵押贷款提供了宝贵经验。同心县属于国家级贫困县（2019 年脱贫），地处宁夏中部干旱带，境内山多沟深、干旱少雨，生态环境恶劣，农民经济基础较为薄弱。全县农业人口为 29.36 万，占总人口的比例为 75.1%，耕地总面积为 212.45 万亩。由于该县在全国建制县中回族人口比例最高（回族所占比例达 85.6%），当地普遍信仰伊斯兰教，信众经常在每周五（主麻日）参加宗教活动，团体信用氛围良好。

2013年全县农民人均纯收入仅为5171.9元，是农村人均纯收入中等偏下的县[①]。农地抵押贷款程序如图5-1所示，即村委会组建成立土地流转服务合作社，农户以土地入股加入合作社成为社员，需要贷款的社员同别的社员"三户联保"，形成联保小组，形成担保协议并申请抵押贷款，合作社为贷款社员进行担保，农户以入股的土地经营权向合作社提供反担保，在上述条件都具备的情况下，金融机构审核通过后放款。在贷款农户未能按期足额归还贷款时，合作社以内部流转方式由联保人代偿，农地经营权交付联保人处置。需要指出的是，在同心县土地抵押贷款模式中，农民的土地经营权并不是直接抵押给金融机构，而是以土地（经营权）入股并抵押给村合作社（伍振军等，2011；徐婷婷，2013）。

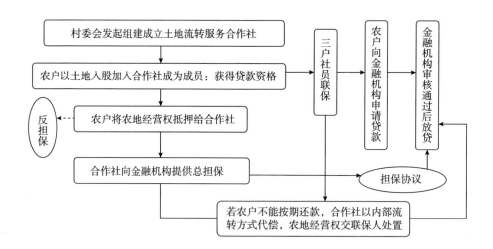

图5-1 宁夏同心农地经营权抵押贷款流程

---

① 根据国家统计局农村住户抽样调查资料的分类标准，2013年农民人均纯收入五级分类标准：<2583元——低收入；2583～5516元——中等偏下收入；5516～7942元——中等收入；7942～11373元——中等偏上收入；>21272元——高收入。

从功能上来看，合作社相当于担保公司，实质上是一种金融中介。另外，同心模式的变革对当前我国农地制度改革也有重要的启示。地方政府在制度变革中扮演了"保镖"角色，为新制度的演化保驾护航，顺应了市场经济规律。从需求侧来看，尽管新制度与现存制度存在冲突，但地方政府并没有抑制市场主体对新制度的需求。从供给侧来看，地方政府为制度改革提供了"安全域"，给予了新制度一套合法性"外衣"，降低了制度变迁的交易费用（汪险生等，2016）。

人民银行数据显示，2006 年同心县只有 750 户农户共计获取 150 万元的抵押贷款，2012 年底农地抵押贷款余额为 1.61 亿元。截至 2016 年 6 月，该县土地流转服务合作社已有 37 家，农地反担保贷款达 3.77 亿元，抵押土地 8.2 万亩，惠及 1.35 万农户，未产生一笔不良贷款。

（二）平罗案例

平罗县农业人口为 22.8 万，耕地面积达 82.18 万亩，是全国重要的商品粮基地县，主导产业为水稻种植业，该县农业产业化程度较高，农村土地交易较为活跃，2013 年全县农民人均纯收入为 9172 元。农地贷款程序如图 5-2 所示，即农户在征得村集体同意之后，需要提交土地证书及其他证明材料向金融机构提出贷款申请；金融机构对拟受理农户进行贷前审核；金融机构根据政府指导意见委托产权价值评估机构对抵押物的价值予以评估，并出具评估报告；农村土地经营管理制度改革服务中心办理抵押登记，保管农户抵押的土地证书，并出具贷款意见函；金融机构确定授信额度、审批发放贷款；农户偿还贷款后办理抵押注销，取回土地证书。

截至 2013 年底，平罗发放农地抵押贷款 669 笔，共计 2397 万元。截至 2014 年 11 月，该县发放农户农地抵押贷款 5166 笔，共计 2.1 亿元。

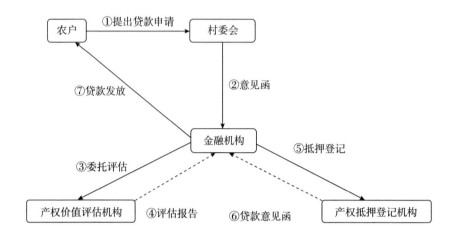

图 5-2 宁夏平罗农地经营权抵押融资运作流程

（三）抵押模式比较

农业要素市场中的市场合约与组织合约的区别并不是交易标的物是否为产品或要素，而是是否在交易过程中引入了作为信息收集与定价专家的中心签约者，以组织的间接定价取代原初买卖双方的直接交易（Cheung，1983）。换言之，具体到农地经营权抵押情境中，农地抵押合约究竟是市场方式还是组织方式的主要判定标准在于抵押双方（抵押人与抵押权人）是否发生抵押钱款的直接交易，只要双方是直接"面对面"的抵押关系，则为市场合约；反之则为组织合约。基于此，由表 5-3 可知，同为农户，作为农地经营权抵押主体，在同心案例中由于引入了农村金融中介——土地流转服务合作社这一反担保融资机构，并不是农户直接与金融机构发生钱款交易，因此属于典型的"组织合约"；而平罗以直接抵押的方式进行贷款，因此农户与金融机构是一种直接"面对面"的抵押关系，为"市场合约"。

表5-3　农户作为抵押主体时不同抵押合约下的案例比较

比较内容	合约类型	
	组织合约（同心案例）	市场合约（平罗案例）
生成机制	诱致型	强制型
贷款操作流程	农户以地入股合作社→寻求联保人→申请贷款→权属登记→反担保协议→金融机构放贷	贷款申请→金融机构审查→评估→抵押登记→发放贷款→偿还→登记注销
主要服务对象	种、养殖户	种植户
抵押物	农地经营权、信用担保	农地经营权、收益权
融资机制	间接抵押（反担保、抵押和贷款二者分离）	直接抵押
适用政策法规	农村土地承包经营权反担保贷款管理办法等	农村土地承包经营权、流转经营权抵押贷款管理办法（试行）等
产权交易机构	土地流转服务合作社	平罗农村土地经营管理制度改革服务中心
评估部门	乡（镇）农村经营管理部门	农村土地经营管理制度管理中心
价值评估方法	土地经营权价值＝年租金平均收益×经营期限+地上种、养殖物价值	严格遵循政府公布的基准参考价格进行价值评估
贷款限额	贷款金额一般不超过反担保土地经营权认定价值的80%	不超过土地经营权抵押评估价值的50%
贷款期限	相关主体协商且不超过提供反担保的土地承包经营权剩余期限	一般为1年，最长不超过3年
处置机制	村民自治（非正式）	法律渠道（正式）
风险分担机制	违约后合作社以内部流转方式由联保人代偿，农地经营权交联保人处置，联保人从流转农户土地经营权剩余年限收益中获得补偿	平罗农村土地经营管理制度改革服务中心设立1000万元的风险防范基金，同金融机构按8∶2比例共担风险
市场化程度	高	低

对于组织合约（同心案例）和市场合约（平罗案例）的比较可以从以下方面展开：

（1）生成机制。同心的抵押基于农户这一"草根阶层"自发的探索，通过组建土地流转服务合作者，借助团体信用和反担保机制推动，政府在此过程中仅发挥规范引导作用，不承担风险兜底责任，具有诱致性变迁的特征；而平罗农村土地经营管理制度改革服务中心是集价值评估、抵押登记、抵押物处置、风险分担等多种功能为一体的政府管理机构，这种抵押融资是一种典型的依托政府力量推行的改革模式，属于强制性制度变迁范畴。

（2）主要服务对象。两地主要的服务对象均为普通小农户。同心除以玉米种植为主导外，该县在全国建制县中回族人口比例最高，当地居民的饮食习惯使该地区农民具有养殖牛羊的习俗，因此同心县主要服务对象为种植及养殖户。而平罗作为粮食主产县，农地抵押贷款主要服务于以水稻种植为主的种植户。

（3）抵押物。抵押贷款的前提是抵押物可以实现足值保值。同心自然条件较恶劣，以旱地为主，年地租较低，亩均仅300元，倘直接抵押可获资金较少，很难满足农户生产需求，因此辅之以信用担保等方式间接抵押以实现"增信"从而提高贷款可得性显得尤为必要。平罗以水田为主，亩均年地租约800元，农地经营权抵押价值较高，采用市场合约下直接抵押的方式更容易实现农户融资诉求。

（4）融资机制。同心采取成立农村金融中介——土地流转服务合作者的方式，构建了反担保及基于"团体信用"的农地抵押模式，土地抵押和贷款相分离，是以合作社为中介、以"团体信用"为基础的间接的抵押模式，其实质为以"抵押+保证+信用"为中心环节的贷款方式。同心案例中农地经营权不直接抵押给金融机构，而是以土地（经营权）入股并抵押给合作社作为反担保抵押，在获得合作社的保证担保后方可向金融机构贷款，故贷款风险转嫁给了合作社及联保人（一般为三户联保）。"三户联保"实质上属团体贷款，三户结为一个团体共享一个信用。平罗则是类似商业贷款的直接融资模式。

（5）政策法规与产权交易机构。同心适用《农村土地承包经营权反担保贷款管理办法》等法规，而平罗适用《农村土地承包经营权、流转经营权抵押贷款管理办法（试行）》等法规。同心案例中的产权交易机构为农户自发形成的土地流转服务合作者，平罗则为政府推动建立的平罗农村土地经营管理制度改革服务中心。

（6）标的物价值评估。同心的标的物价值评估机构为乡（镇）农村经营管理部门，评估方法为：土地经营权价值=年租金平均收益×经营期限+地上种、养殖物价值。平罗则由农村土地经营管理制度管理中心负责，严格遵循政府公布的基准参考价格进行价值评估。可见，平罗的价值评估来自政府的干预较多，而同心的价值评估则更多遵从市场化导向。

（7）贷款限额及期限。贷款金额及期限是农户最关心的。同心案例中，以相关主体协商且不得超过提供反担保的土地承包经营权剩余年限为期，而贷款金额一般不超过反担保土地经营权认定价值的80%。平罗贷款期限一般为1年，最长不超过3年，所贷金额原则上不得超过土地经营权抵押评估价值的50%。

（8）抵押物处置及风险分担机制。当违约出现时，在同心金融机构不能直接处置抵押物，土地经营权须在合作社内部流转，体现为农村熟人社会中团体信用等非正式制度下的村民自治；而在平罗金融机构可通过法律渠道以流转、变现、诉讼等方式处置抵押物。当抵押风险出现时，在同心农户违约后，先由合作社或联保人代为偿还，合作社或联保人从流转农户土地经营权剩余年限收益中获得补偿，信贷风险被严格控制在合作社内部，贷款农户丧失的仅为一定时期内的农地经营权，承包权并未丧失，风险属于体内分担；平罗则是由政府出资1000万元作为风险防范基金，与金融机构按 8：2 的比例共担风险，其风险为体外分担。

三、规模主体作为农地经营权抵押主体的合约方式比较：明溪 vs 枣庄

（一）明溪案例

明溪拥有靠近东南亚国家这一地缘优势，福建作为东部沿海最早一批实行改革开放的区域，这些优势为该县农村劳动力转移提供了便利。然而农村青壮年劳动力纷纷外出务工和经商使农地利用效率低下乃至抛荒，农村留守劳动力受到老龄化和小规模农业生产成本提高及资金短缺的约束。截至 2014 年底，明溪县农村土地流转 6.55 万亩，占该县耕地面积的 35.22%，从流向看转入专业合作社的有 1.19 万亩，占流转面积的 18.17%；转入家庭农场及农业企业的有 0.59 万亩，占流转面积的 9.01%。至 2014 年上半年，全县抵押土地总面积达 1.40 万亩，通过土地抵押实现贷款 2236.1 万元。

明溪案例中，抵押人多为规模经营主体①，即农地流转中的流入方，规模经营主体把从村集体或小农户手中流转的农地经营权作为抵押物向金融机构申请贷款，具体程序为：登记申请—抵押贷款申请—金融机构对贷款者调查—贷款审批—放款。操作流程如图 5-3 所示。首先，由贷款者通过乡（镇）村级农业服务中心实现农地经营权合法流转，该县要求贷款申请人都需要提供经乡（镇）村级农业服务中心备案确认的抵押登记申请书，贷款者通过流转获得农地经营权后须向该中心办理农地抵押登记申请。其次，贷款人向金融机构申请农地抵押贷款。贷款人申请贷款时要向金融机

---

① 明溪开展的农地经营权抵押业务主要面向种养大户、涉农企业等规模经营主体，所有规模经营主体必须通过乡（镇）村级农业服务中心参与农地流转以获得农地经营权是申请贷款的前提。明溪要求贷款者抵押的土地须经流转服务中心获取，是为了保证抵押土地权属无争议，也便于违约发生时抵押土地的处置。

构交付由乡（镇）村级农业服务中心备案确认的抵押登记申请书、农地权属证明等详细材料。再次，金融机构对贷款者的农地经营权价值实地评估。土地价值评估是规模经营主体申请抵押融资和金融机构给予授信额度的重要依据，按照《明溪县农村土地经营权抵押贷款管理办法》，土地经营权抵押价值＝年租地平均收益×经营期限＋地上附着物价值。最后，金融机构和贷款申请人签订抵押合同并到县农业局办理抵押登记后，金融机构放贷。

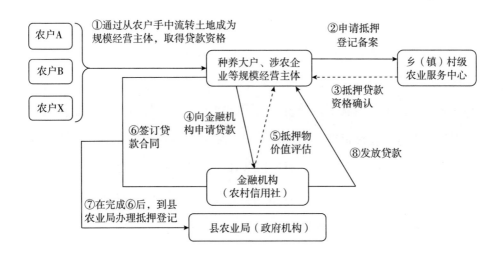

图5-3 福建明溪农地经营权抵押贷款运作模式

（二）枣庄案例

枣庄人均耕地仅0.9亩，靠提高单产难以实现农民增收。不少农民希望把承包地租赁出去，但在农业规模经营中，家庭农场、合作社等规模经营主体面临融资难等问题。作为产权改革试点，枣庄市于2008年就进行了以农地经营权抵押融资为核心的改革，以求缓解农民贷款抵押难等突出问题。改革后，全市农地流转面积为80.5万亩，占农地总面积的29.2%，农地流转到家庭农场等规模主体的比例达75.1%。改革唤醒了沉睡的土地资本，一定程度上解决了农业融资的困难。到 2014 年底，农村产权抵押贷款为 6.29 亿元，新增贷款 1.27 亿元，其中绝大部分属于土地经营权抵押贷款。

该地贷款流程主要包括农地流转及鉴证、抵押资产价值估算、委托担保、担保审查、金融机构放款等，具体如图 5-4 所示。步骤为，农地经营权流转：转出户将自家承包地经营权流转给规模主体，规模经营主体在取得流转经营权后需办理由产权交易中心签发的《枣庄市农村产权交易鉴证书》，以表明其对农地经营权的合法占有，从而为抵押作前期准备。抵押资产评估：作为银行授信的重要参考，普惠农村土地资产评估事务所对贷款人农地经营权等抵押资产进行审查并出具评估报告。委托担保：贷款人向金融机构申请抵押贷款，金融机构委托金土地融资担保有限公司提供担保。担保审查：担保公司就农地质量、面积、地上附着物价值及项目经营风险等对贷款申请人进行审核。为规避风险，金土地融资担保有限公司还要求贷款人必须向其提供反担保，而反担保者以公务员和企业法人等"精英人士"为主。发放贷款：担保审查通过后，担保公司向金融机构提供担保，金融机构向贷款申请人发放贷款。

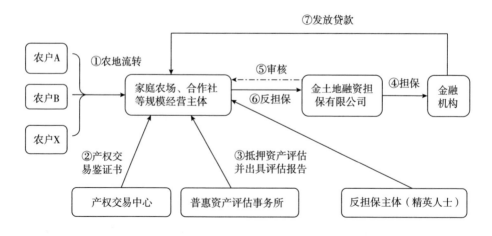

图 5-4 山东枣庄农地经营权抵押融资流程

（三）抵押模式比较

同为规模经营主体，作为抵押融资的主体，明溪案例中由于采用贷款人与金融机构"面对面"直接抵押的方式进行贷款融资，因此属于"市场合约"；而在枣庄案例中当抵押发生时，由于金土地融资担保有限公司要为金融机构提供担保，为规避风险，金土地融资担保有限公司要求贷款人必须向其提供反担保，并不是规模经营主体直接与金融机构发生贷款交易，因此属于"组织合约"。

表5-4　规模经营主体作为抵押主体时不同抵押合约下的案例比较

比较内容	合约类型	
	市场合约（明溪案例）	组织合约（枣庄案例）
贷款操作流程	登记申请→抵押贷款申请→金融机构对贷款者调查→贷款审批→放款	农地经营权流转及鉴证→抵押资产评估→委托担保→担保审查→反担保→发放贷款
主要服务对象	涉农企业等规模经营主体	家庭农场、合作社等规模经营主体
抵押物	农地经营权、地上附着物	农地经营权、地上资产及反担保人信誉
融资机制	直接抵押	间接抵押
适用政策法规	明溪县农村土地经营权抵押贷款管理办法等	枣庄市农村承包土地经营权抵押贷款管理办法等
流转交易机构	乡（镇）村级农业服务中心	产权交易中心
资产评估部门	金融机构	普惠农村土地资产评估事务所
贷款限额	一般不高于农地评估价值的70%。单笔贷款金额超过农地经营权抵押认定价值的，可采取其他担保方式作为补充	贷款额度一般控制在评估价值的30%~50%
贷款期限	由贷款人根据中短期流动资金贷款期限确定，双方具体议定	多为1年，最长不得超过3年
风险分担及违约处置机制	金融机构直接负责处置抵押品，乡（镇）村级农业服务中心和土地所有人（村集体）协助流转，具体可采取变现、诉讼或其他方式	违约后金融机构承担20%的损失，另外80%损失由反担保方代金土地融资担保有限公司支付，最终仍由贷款方偿还反担保者
获贷难易程度	易	难

当规模经营主体作为农地经营权主体进行抵押贷款时，对于市场合约（明溪案例）和组织合约（枣庄案例）的比较可以从以下方面展开：

（1）主要服务对象及抵押物。明溪与枣庄开展的农地抵押贷款试验，主要服务对象均为规模经营主体，明溪更侧重种、养大户及涉农企业等主体，而枣庄以服务家庭农场、合作社为主。两地的抵押物均包括了农地经营权及地上资产，由于枣庄采用了反担保这一形式，而反担保人以公务员和企业法人这类"精英人士"为主，因此枣庄案例中抵押物还暗含了反担保人信誉这类无形资产（见表5-4）。

（2）融资机制。在明溪，规模主体在取得流转农地经营权并登记合法后，便可以农地经营权为抵押物向金融机构申请贷款，金融机构对贷款者进行调查，符合条件便可放款，这属于典型的"市场合约"规则下贷款方与金融机构直接发生交易的融资模式。枣庄案例中，贷款人向金融机构申请贷款，金融机构不会直接放款，而是委托金土地融资担保有限公司为金融机构提供担保，该担保公司就农地质量、面积、地上附着物价值及项目风险等对贷款申请人审核后，为规避风险，还要求贷款人必须向其提供反担保（反担保者多为公务员和企业法人等"精英人士"），在此情境下，金融机构才会向贷款申请人放贷，因此在枣庄案例中，贷款申请人并不直接与金融机构发生交易，而是纳入了金土地融资担保有限公司以及反担保方等具有信息收集与定价功能的第三方，这是能否获得贷款的关键所在，因此枣庄模式属于典型的"组织合约"约束下贷款方与金融机构间接发生交易的融资模式。

（3）贷款限额及期限。明溪的贷款额度一般不高于农地评估价值的70%，当单笔贷款金额高于农地经营权抵押认定价值的，可选择其他担保方式作为补充；而枣庄的贷款额度一般控制在评估价值的30%~50%。明溪案例中贷款期限由贷款人与金融机构根据中短期流动资金贷款期限予以确定，但不得超过农地承包期剩余年限；而枣庄案例中贷款期限多为 1 年，最长不超过 3 年。

（4）风险分担及违约处置机制。明溪案例中当发生违约时金融机构可直接处置抵押品，乡（镇）村级农业服务中心协助做好抵押物的再次流转，具体可采取变现、诉讼等灵活方式。枣庄案例中违约后由金融机构承担20% 的损失，余下 80% 的损失将由反担保方代金土地融资担保有限公司偿付，最终仍由贷款方偿还反担保者。

第四节　典型案例比较的进一步阐释：
同一抵押主体的合约选择

在对上述以农户为农地经营权抵押主体的宁夏同心与平罗、以规模经营主体为农地经营权抵押主体的福建明溪与山东枣庄这两对典型案例从生成机制、贷款操作流程、抵押物、融资机制、适用政策法规、产权交易机构、资产评估部门、价值评估方法、贷款限额、贷款期限、处置及风险分担机制、贷款难易以及市场化程度等方面进行对比分析的基础上，进一步分析同一抵押主体下农地抵押合约的优化选择。鉴于划分市场与组织合约的依据为定价费用的高低，图 5-5 以示意图的形式将抵押主体、抵押合约与定价费用的关系及上述选取的四个典型案例在坐标图中的位置标示了出来。

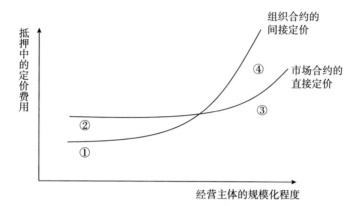

图 5-5 经营权主体、抵押合约与定价费用

注：图中①②③④分别表示上文案例比较中的同心、平罗、明溪和枣庄的抵押模式，其在坐标系中所处的位置虽然只是定性示意各自所表示农地经营权主体的规模程度与抵押模式中的定价费用程度，但并不影响本书所要分析的主题，即不同的农地经营权抵押主体需要与之匹配的抵押合约模式，进而最小化抵押中的定价费用。

一、农户主体与组织合约：抵押的间接定价

当农地经营权人为承包权人时，农地抵押多为普通小农户的抵押行为，在目前农地均分的约束下，农户的小规模抵押必然面临较高的交易费用，一方面，由于小农户的高异质性，难以获取其本身的信誉等信息，逆向选择的存在使事前的交易费用高昂；另一方面，在农地细碎化的地理专用性和农地承包权的专用性之下，抵押标的物难以直接处置和农户成员权身份的不可变动将使金融机构面临抵押标的物的处置风险，即事后以道德风险为主的交易费用。故此时单纯的市场合约会由于高交易费用，即高风险性而抬升贷款利率。所以，需引入一个中间组织以降低抵押中的定价费用，确保农户的贷款主体资质及抵押物能有效处置。

农户作为抵押主体时，同心案例对应的组织合约下呈现出的贷款金额所占土地经营权认定价值的比例、贷款期限、风险防范及监督机制、市场化程度、贷款利息率等方面的特征要比平罗案例对应的市场合约下这些方

面特征的呈现更有优势。

这不仅体现在同心的贷款金额所占土地经营权认定价值的比例高于平罗及贷款期限较平罗更长，还在于同心案例中联保小组内部可实现彼此监督，严格执行"问题社员"清退制度，对金融机构而言，有效减少了其审查与监督的成本，而流转合作社内部代偿的做法则降低了金融机构在处置抵押物时面临的风险及成本。平罗案例中农户将农地经营权直接抵押给金融机构，金融机构不可避免地要承担高昂的贷前审查、贷中检查、贷后监督等成本。此外，如果农户发生违约，金融机构还将承担抵押物处置的市场及法律风险，交易费用较高。在面对呆账、坏账时，平罗案例中由于政府出资 1000 万元作为风险防范基金，且与金融机构按 8∶2 的比例共担风险，无疑给政府带来了巨大的财政负担，倘出现较多的呆账、坏账，这1000 万元风险防范基金也会显得杯水车薪，那么政府是否继续注资以对风险进行无条件兜底和防控值得深思。

此外，对抵押合约选择一个重要的影响因素是市场化程度，采用组织合约的同心其市场化程度要高于市场合约下的平罗。这是由于作为产权交易机构的平罗农村土地经营管理制度改革服务中心不仅具有价值评估、抵押登记职能，还扮演了代偿和抵押物处置等角色。在一般的不动产抵押过程中，往往通过专门的评估公司对抵押物价值进行估价，而担保公司则应承担代偿和抵押物处置等职能。但平罗农村土地经营管理制度改革服务中心作为一家非营利性行政机构，将抵押贷款发生时的众多职能"一肩挑"，因此平罗案例中市场化运营程度较低。同时，平罗案例市场化程度较低还表现为对贷款利率进行管制（目前平罗贷款月利率统一为 7.5‰），其本质在于对价格进行管制，故有违市场化运行的原则。平罗这种做法虽以保护农民利益为出发点，也考虑到农地抵押处于试验阶段的实际情况，但是正如党的十八届三中全会指出的"资源配置应让市场发挥决定性作用",而追逐利润最大化的个体才会更主动降低风险及交易成本。同心未进行利率管制（当前同心农地经营权抵押贷款的月利率为 10.5‰，高于同期城市房产抵押贷款 9‰的利率），市场化运作程度较高。

不难发现，平罗 7.5‰的月利率表明政府管制程度很高。同心县部分行政村因为信誉良好（被评为"信用村"），这些村的合作社社员的贷款利率普遍降到了 9‰以下，此类降价是由于市场风险降低而自发的行为，但平罗案例中的低利率则体现为行政管制致使市场被动接受。基于此，我们认为贷款利率是调节供需的有力工具（价格机制），也是调控风险的有效手段（筛选机制）。土地流转服务合作社作为同心案例中抵押贷款反担保的关键环节，其本质是金融中介，发挥着担保机构及间接定价的职能。因此，在产生呆账、坏账之时，农地经营权的处置并非通过价格机制（如拍卖）处理，而是在基于"团体信用"的合作社权威体制下开展，但这与平罗案例中政府性质的行政体制有很大不同。因为同心合作社是类似企业机制的具体体现，而价格机制与企业机制是市场的两种主要表现形式。因此，同心案例在"团体信用"和反担保机制下，以组织合约方式基于各种机制使市场较好地发挥着决定性作用。

综上，我们认为当农户作为经营权抵押主体时，采用组织合约的间接定价方式要比市场合约的直接定价方式更具优势①。

---

① 在这里，我们并不否认平罗案例在当地取得了较好的经济效益及社会效益，因为无论是同心还是平罗都是目前国内农地抵押贷款业务发展较好的典型案例地区，毕竟农地经营权抵押贷款业务的模式及其具体的合约选择是基于当地的经济社会背景和地区金融生态环境形成的。当且仅当一个地区的制度环境、资源禀赋与合约实现较好的匹配之时，农地经营权抵押贷款业务的开展才是较为优化的。在此，我们只是借助对宁夏同心与平罗两个地区案例的对比，从贷款金额所占土地经营权认定价值的比例、贷款期限、风险防范及监督机制、市场化程度、贷款利息率等方面的特征进行归纳，从特殊到一般，认为在一般情况下，当农户作为农地经营权抵押主体时，采用组织合约的方式更容易实现农地经营权抵押贷款。

二、规模主体与市场合约：抵押的直接定价

当农地经营权人为非承包权人时，由于两者的分离需借助农地流转，而流转本身可解决以农户为单位面临的农地均分的约束。对金融机构而言，在与通过流转获取农地经营权进行抵押的规模经营主体打交道时，一方面，由于规模经营主体通过流转克服了农地细碎化带来的地理专用性与规模过小等问题；另一方面，与小农户作为抵押主体相比，合作社、涉农企业等规模主体就生产能力、固定资产投入、地上附着物价值、盈利及还款能力等方面均优于小农户①，而这些隐藏于农地经营权背后的因素也是金融机构格外关注的。因此，当规模经营主体进行抵押时，金融机构不需要引入作为信息搜集与定价中心机制的第三方中介组织，通过直接与规模主体谈判，可减少交易环节、节约交易费用，采用市场合约的可能性更大。

通过案例比较，能够发现当规模经营主体作为抵押主体时，明溪案例对应的市场合约下呈现出的贷款金额所占农地经营权认定价值的比例、贷款期限、风险分担及违约处置机制、申请担保的交易成本、获得贷款难易程度等方面的特征要比枣庄案例对应的组织合约下这些特征的呈现更具优势。

第一，明溪的贷款金额所占农地经营权认定价值的比例（不超过70%）要高于枣庄，且当贷款金额高于抵押物价值时，贷款人可以采用补充抵押的方式与金融机构协商，具有灵活性；而枣庄案例中规模主体贷款额度一

①　需要说明的是，规模经营主体虽然在盈利及生产能力、固定资产投入等方面优于普通农户，但与小农户一样，也面临着抵押后可能产生呆账、坏账的潜在风险。由于金融机构不管对农户抑或规模主体都不会按照抵押物100%的评估价值进行放款，在对抵押物进行处置时，规模主体的欠款往往更容易变现和处置。

般控制在评估价值的 30% ~ 50%[①]。第二，明溪的贷款期限也较枣庄长，而且明溪案例中可由贷款人按照中短期流动资金贷款期限直接与金融机构商定，对于亟须投入资金进行农业生产经营的规模主体而言拥有较多的谈判话语权；而枣庄贷款期限多为 1 年，最长不超过 3 年，贷款期限较短，对以蔬菜、果园和特色种植为主导的枣庄合作社等规模主体需要一次投入较多资金而多年后才能取得收益的发展模式而言，无疑是不利的。第三，从风险分担及违约处置机制看也是明溪优于枣庄。在明溪案例中，当呆账、坏账出现时，金融机构可采取变现、诉讼等方式直接处置抵押品；而在枣庄案例中，当违约出现时，金融机构只承担 20% 的损失，另外 80% 由反担保方代金土地融资担保有限公司支付，最终仍由贷款方偿还反担保者，在此过程中，金融机构、金土地融资担保有限公司、反担保方等多个主体要同时承担风险，且金融机构一般不能直接处置抵押物。因此，在出现呆账、坏账时，与明溪仅有金融机构单一主体利益受损并采取市场化的偿付方式相比，枣庄则是出现了多个利益受损主体，且科层化的偿付体系程序冗繁，效率低下。第四，枣庄案例申请担保的交易成本高昂。与明溪案例中金融机构直接评估贷款者土地经营权价值及资产状况不同，枣庄必须由普惠农村土地资产评估事务所进行评估，增加了环节交易费用。枣庄市金土地融资担保有限公司业务只受理贷款申请人信用等级在 A 级以上的规模经营主体，同时必须提供反担保人[②]，有 1/3 的合作社因没有找到金土地融资担保有限公司划定的反担保方而不得不放弃抵押担保（赵金颖等，2016），高昂

---

① 事实上，2010 年枣庄市试点的合作社等规模经营主体评估价值达到了 7.3 亿元，但是农村商业银行实际放贷 4200 万元，仅占评估价值的 5.8%。

② 《枣庄市金土地融资担保有限公司业务操作规程》规定：申请人为法人的，除了申请人提供的反担保人外，该法人的股东应作为连带共同保证人；申请人为其他组织的，除了申请人提供的反担保人外，设立该组织的设立人应作为连带共同保证人；反担保方为个人的，其配偶应作为连带共同保证人。

的信息搜集和谈判费用阻碍了农地抵押融资进程。即使获得贷款资格，较高的手续费也让经营者面临较大压力（除6%~8%的贷款利率，还要支付金土地融资担保有限公司3%的手续费）。

此外，从获得贷款难易程度分析，明溪抵押贷款的可得性也高于枣庄。当前枣庄规模经营主体利用农地经营权申请抵押贷款的前提是金土地融资担保有限公司提供担保，金融机构方会放款。但是该公司提供担保，在必须扣缴实际贷款金额的10%作为保证金及2%的手续费之外，还要由无贷款的第三方"精英人士"再担保，如此一来致使审批时间过长、程序冗繁、贷款成本无形中变高。合作社等规模主体从申请到金融机构放款，短则1~2个月，长则3~6个月，常发生贻误农时现象。致使贷款人明知农地经营权能办理抵押，但仍会采取民间高息贷款，以快速获取资金。

因此，我们认为当规模经营主体作为农地经营权抵押主体时，采用市场合约下直接定价的方式要比组织合约下间接定价的方式更具优势。

第五节 小　结

在农地产权制度改革背景下，随着农地流转、适度规模经营的发展，农业生产资金短缺的问题日益凸显，包括农户、规模经营主体在内的不同农业经营主体对实现农地抵押贷款的诉求与日俱增，"三权分置"制度背景下对于承包权与经营权分置的目标须借助农地经营权流转来完成，而经营权活化的政策目标要靠农地经营权抵押予以实现。为破解农业经营融资难题，本章以市场与组织合约的分类为视角，在总结梳理我国典型地区实践探索并作简要评价的基础上，紧紧围绕农地经营权主体差异与农地抵押合约方式选择这一问题，选取以农户为农地经营权抵押主体的宁夏同心与平罗、以规模经营主体为农地经营权抵押主体的福建明溪与山东枣庄这两对典型案例，从生成机制、贷款操作流程、抵押物、融资机制、适用政策法规、产权交易机构、资产评估部门、价值评估方法、贷款限额、贷款期限、处置及风险分担机制、贷款难易以及市场化程度等方面对农地抵押的市场合约与组织合约进行了对比分析，主要研究结论如下：

首先，当前我国各地普遍开展了农地经营权抵押贷款的实践探索，但由于市场合约中的直接定价费用和组织合约中的间接定价费用存在差异，普通农户和规模经营主体这两类农地经营权主体倾向于选择不同的抵押合约。

其次，当农户作为农地经营权抵押的主体时，与选择市场合约的直接方式相比，通过引入具有信息收集与定价功能的第三方中介服务组织，采用组织合约的间接方式更容易获得农地经营权抵押贷款。通过对以农户为农地经营权抵押主体的宁夏同心与平罗这对典型案例进行对比，得出在融资机制、抵押物价值评估、贷款限额、贷款期限、风险分担机制、市场化程度以及政府对利率的管制等方面采用组织合约的同心比市场合约下的平罗更具优势的结论，此时以组织合约方式间接抵押可以有效降低农地抵押时产生的定价费用。

最后，当规模经营主体作为抵押主体时，与采用组织合约的间接抵押方式相比，采取直接抵押的市场合约方式更容易获得农地抵押贷款。通过对以规模经营主体为农地经营权抵押主体的福建明溪与山东枣庄这对案例的比较发现，在融资机制、贷款限额、贷款期限、申请担保的交易成本、获贷难易程度、风险分担及违约处置机制等方面采用市场合约的明溪较组织合约下的枣庄更具优势，这时采用市场合约方式直接抵押可降低农地抵押的定价费用。

根据本书理论框架部分分析，"三权分置"的政策目标体现为：一方面，土地承包经营权分置为承包权与经营权（通过农地经营权流转来实现）；另一方面，实现土地经营权活化（通过农地经营权抵押来实现），本书按照"'三权分置'制度背景下农地经营权流转的合约选择——'三权分置'制度背景下农地经营权抵押的合约选择——农地经营权流转与抵押的制度设计及改革启示"的分析框架进行论述，基于"'三权分置'制度背景下农地经营权流转的合约选择""'三权分置'制度背景下农地经营权抵押的合约选择"这两部分的研究，进行制度的设计，在总结前述两部分研究的经验及存在问题的基础上，通过制度设计，着重探讨如何通过农地经营权流转、抵押从而更有效地实现"三权分置"的政策目标？在此基础上，简要讨论未来改革的可能方向，借此提出对当前农地产权结构改革背景下的理论与实践启示。

第六章　农地经营权流转及抵押的
制度设计与改革启示

  本章试图对前两章的研究进行总结和提升，当前，我国农地产权制度改革进入了以"三权分置"为核心的新时期。国家希望借助"三权分置"来实现农地经营权与承包权分置以及农地经营权活化这两项主要的政策目标，其中前者是为了有效推动农地经营权流转新格局的形成，发展适度规模经营及农业现代化；后者是为了实现农地经营权抵押贷款，以有效解决农业生产经营中的资金短缺问题。前面两章，针对"三权分置"制度背景之下农地经营权流转、抵押两部分内容的研究结论及存在的问题，试图进行制度的设计，着重探讨如何通过农地经营权流转、抵押从而更有效地实现"三权分置"的政策目标。在此基础上，简要讨论未来改革的可能方向，探讨通过怎样的合约结构、选择何种流转方式既能破除流转范围较小且主要发生于农村熟人社会内部、具有人身依附等差序特征从而导致农地流转合约不规范的情形，同时又能兼顾农业现代化进程中规模经营主体通过农地进行抵押贷款融资的有效需求，试图通过合约的优化设计来促进农地流转与抵押进程并解答上述问题。

第一节　推动农地经营权流转的制度设计

农地经营权与承包权分置作为"三权分置"的政策目标，要实现该目标，就要发生农地权利及要素的流动，这必须借助农地流转的行为方能实现，此时经营权才能从承包经营权中独立出来从而实现经营权与承包权的有效分置。如前文所述，农地流转过程中有着不同的交易对象（亲友、同村农户、外村农户、规模主体等），在"三权分置"的背景下，农地经营权随着交易对象的不同而发生分置的环境存在差异，而分置环境的差异又会影响流转缔约行为，不同流转交易主体产生的承包权与经营权分置环境的差异在合约上体现为一种"差序治理"的特征。

通过第四章研究发现，强关系治理和弱关系治理两者共同构成了差序治理的格局，因此，差序治理的本质是一种关系治理。由于农地流转对象涉及不同主体，相应地根据农户与流转对象的关联程度及亲疏远近，农地流转分为无关联及弱关联、强关联与熟人关联两种情境无关联及弱关联情境下（经营权与承包权分置较为彻底）的一般交换原则更适合使用正式制度，倾向于通过具有市场化特征的政策、法规等形式予以保障，表现为"弱关系治理"，该情境更倾向于同书面正式合约方式、较长的合约期限及较高的合约租金相匹配；强关联与熟人关联中（经营权与承包权分置程度较低）的人情、需求规则多以非正式制度作为保障，表现为"强关系治理"，此情境更倾向于同口头非正式合约方式、较低的合约租金和较短的合约期限相匹配。

通过第四章研究可知，当下农地流转仍难以突破熟人社会的边界，流转有较强的人身依附，流转发生范围较小，合约方式并不规范。这表明以经济利益为导向的市场交易模式在推动农地要素交易非人格化的转变过程中作用仍比较有限，究其原因，主要是农村土地市场交易体制机制不完善。由于政府肩负着农地流转规则制定与完善、促进流转合约方式书面化、显化流转租金、延长流转期限等职能，因此当政府介入农地流转进程时，差序治理逐渐被打破，呈现出差序治理向市场治理转变的趋势。对于中东部及经济发展水平较高、劳动力转移较为顺畅的地区（如第四章主要讨论的江西、辽宁等调研样本区域）来说，政府介入农地流转后有助于推动合约的规范化进程，强化了经营权分置的环境，促使经营权与承包权分置程度提高，促使农地流转范围逐渐扩大并有效提高了农民的租金收入水平，差序治理格局逐渐被打破，呈现出差序治理向市场治理转变的趋势。然而政府在流转中存在既当"运动员"又做"裁判员"的潜在可能，政府对农地流转的介入固然利于实现流转合约的规范化与市场化进程，但政府的介入程度应控制在一定范围之内。

一、政府介入农地流转缔约决策的再考察

通过第四章对辽宁、江西两省调研数据的研究，我们认为政府在农地流转进程中的介入总体上是有益的。但在一些经济发展水平相对落后的地区，倘若一味追求合约方式正式化、合约期限长期化、合约租金市场化而违背了农户意愿对农地流转进行强制干预，可能会打破当地经济、社会及文化所处的原生态环境，根据笔者的调研，在一些地区，政府在介入农地流转时应持审慎态度，把握好介入的"度"，以防政府从监督与服务之角色"越位"并取代农民变为主导角色。下面将结合对新疆和田地区维吾尔族聚居的 K 村的考察，探讨政府介入的问题。K 村的农地流转主要可分为两个

阶段，2013 年之前主要是农户自发的农地流转，2014 年至今则主要是政府主导下的农地流转。

（一）K 村农地流转现状及调研访谈

据 2016 年对 K 村的实地调查，截至 2015 年底该村共有农户 452 户，全部为维吾尔族，人口为 2102 人，其中劳动力为 876 人，常年外出务工人数仅 17 人，农闲时节及零散务工人数为 83 人①，该村共有耕地 1595.4 亩，人均占有耕地面积为 0.76 亩。该村的农地流转情况如表 6-1 所示。

表 6-1　K 村农地流转概况

时间	流转对象	流转数量（户）	流转面积（亩）	流转方式	租金（元/亩）	流转年限（年）	书面正式合约数量
2013 年	亲友及同村农户	39	78.5	代耕	116.7	不定期	1
	企业等规模经营主体	3	15.2	出租	400	5	3
2014 年至今	亲友及同村农户	11	33.4	代耕	123.9	不定期	0
	企业等规模经营主体	58	223.7	出租	600	10	58

2013 年全村共有 42 户农户转出农地，涉及面积为 93.7 亩，其中有 39 户农户将 78.5 亩土地转给了亲戚朋友以及同村农户，土地流转期限为不定期②，流转方式多以代耕为主，每亩租金在 50～180 元③，很多亲友之间的流转是无偿的。2013 年仅有 3 户将土地转给了涉农企业等规模经营主体，这类流转的租金明显高于将土地转给亲戚朋友及同村农户的情况，且流转

① 截至 2015 年底该村 876 名劳动力中常年外出务工人数仅 17 人（其中有 14 人在和田市打工，2 人在乌鲁木齐市打工，仅有 1 人在东莞打工），而农闲时节及零散务工人数也仅为 83 人（其中 71 人的打工地点位于 K 村所在的乡镇附近，其余 12 人均在和田地区下辖县区打工）。
② 这里的"不定期"一般是指农户将农地以代耕代种等方式流转给亲朋好友，自己耕种时可以随时要回农地的行为，通常在每年的年初以口头方式告知亲友让其代为耕种自己的土地，转入者到年底以象征性货币、实物地租的方式支付土地转出者，很多时候是一种无偿的行为。
③ 由于实际中相当数量的农户是以实物地租的形式进行租金结算，这里的租金根据实物地租当年的市场价值进行折算。

期限较长。农户将土地流转给亲友及同村农户时，一般仅需口头约定，不需要签订书面正式合约；而将农地转给涉农企业等规模经营主体时要签订书面正式流转合约。

农户之所以更愿接受以不定期和较低的租金在亲友间流转土地，而不愿将农地以较高的租金、长期流转给涉农企业等规模主体，可从以下四段访谈资料中找到原因：

访谈一：现年68岁的原K村村长认为："将土地给亲戚朋友种，自己想什么时候种了，随时可以要回，这中间不用立合同，亲友间沟通也很随意；如果把土地流转给企业，就必须签长期书面合同，虽然钱给的多，但也相当于把土地卖给了企业好多年，想收回土地是不可能的，毕竟土地是我们的生存根本。现在国家和区（自治区）里农业政策比较好，肯定不想一次就把土地卖了。"

访谈二：K村党支部书记塔依尔·肉孜表示：在K村，周围生活的均为相熟的亲友，一旦远离故土便会感到孤寂不适，故乡巨大的拉力促使他们固守家园。因此，K村农业劳动力并不缺乏，在不得不流转农地时，农户更偏好以代耕等方式短期在亲友间流转，而非将土地以较长租期转给陌生主体，即使后者获利更多。塔依尔认为这是因为对于可获利而又不需要长距离迁徙、工作机会十分匮乏的K村来说，农民恪守生存第一的准则，追求的是解决温饱问题而非逐利，重视的是有保障且稳定的利益，而非较高但不可操控的收益。

访谈三：K村二组组长阿斯哈尔表示：在维吾尔族聚居的传统村落，农民认同的社会关系的准则和基础是以人情及信任为中心的，由于熟人社会中的血缘、亲缘及地缘关系本身就是一种重要的信任方式，故流转的程序并不复杂，不需任何书面合同。即使企业等规模经营主体给予农民更多的租金，由于农民对这类主体信任程度较低，一次性流转期限较长，加之签订书面正式合约后农民不可能随时再要回土地等，维吾尔族农民并不会轻易将自己的农地流转给这类主体，K 村二组的 7 户村民因为年龄较大、生病、劳动能力有限等，遂将共计 17.3 亩土地全部流转给了亲友代为耕种。

访谈四：K 村三组的农地流转中，父子、亲兄弟间以无偿赠予的形式进行流转。堂亲、表亲及邻居之间的流转租金通常为每亩 50~150 斤粮食，这些粮食更多体现为一种"象征性"地租，而不是单纯对利益的追逐。该组村民苏莱曼·阿合买提将自家 3.1 亩土地流转给了自己的侄子，侄子在每年年底给他送去 200 斤左右的粮食，苏莱曼表示："和侄子并未具体约定要给多少粮食，总共三亩地，他看着给，想给多少都行，都是一家人嘛，有个意思就行啦。侄子还年轻，需要用钱的地方多，我就把地送给侄子种，等把粮食卖了侄子能多赚些钱补贴家用。另外，我对侄子放心，他会照料好我的地，不可能看着我的地撂荒，我想什么时候再种自家的地了，侄子就会随时给我种。"

2013 年 K 村所在的乡人民政府以书面文件的形式要求各村农地流转朝着市场化、规模化以及正规化方向迈进，同时给包括 K 村在内的各行政村下达了指导性的流转面积等指标，此后以入股、租赁等为代表的流转方式逐渐增多。2013 年底，K 村以村委会名义通过官方主导的方式引进了产业化龙头企业 S，约定从 2014 年起，该企业以出租的方式流转本村约 223.7 亩土地集中连片种植安迪河甜瓜，每亩支付租金 600 元，租期为 10 年。2014 年通过政府主导方式引入龙头企业 S 这一规模经营主体后，多年以来形成的农户主要在亲友等熟人社会间以代耕等方式流转土地的态势被打破，代之以书面正式合约为约束要件的具有一定市场特征的流转方式①。集中种植安迪河甜瓜这一项目虽然落地，但村民对此并不完全领情。企业要求连片种植安迪河甜瓜，K 村第一村民小组的 32 户农户全部被要求转出农地，涉及面积达 141.3 亩，由于农民文化素质及技能缺失，外出务工难度极大，而就地务工的机会较少，因此该小组村民对将农地全部转出非常抵触，于是 K 村的村干部及该小组组长多次挨家挨户做农户思想工作，试图说服他们转出农地，最后通过向农户打包票保证地力不被破坏及预付 5 年地租才勉强获得村民同意。将农地一次性转给企业其经济效益高于人情法则下的代耕方式，但转出土地后，在较长时段农户对自己的农地处于"失控"状态。只要企业在生产经营中不违反流转合同约定条款，农户便不能取回土地，否则农户便是违约。

（二）农民自发的流转何以盛行

1. 支农惠农政策的扶持及土地社会保障功能的发挥

自 2006 年农业税取消，国家不断完善土地制度及农作物良种补贴、粮食直补和农资综合补贴等政策，农民种粮积极性显著提高。特别是在新疆少数民族聚居地区，土地经营多采用粮林、粮棉等间作方式，农民从国家及自治区支农惠农政策中获得的补贴及收益比单纯种粮更多，农民多会产生土地效益持续提高的预期，并不希望将农地流转，据实地调查，和田地区农民流转土地的主要原因是缺少劳动力及家中有病人急需用钱等。在农民被迫流转农地时，倾向于短期及较为灵活的亲友间代耕等方式，农民考虑的主要是对农地可操控的权利，以便家境有所转机时可随时要回土地。农户将农地转给亲友所获租金可能远低于以长期出租等方式转给企业等主

---

① 这里所讲的"具有一定市场特征的流转"是指（与自发的熟人社会中人情法则下"口头合约"相比）需要书面正式合约来约定租金、流转期限及违约条款等，但"具有一定市场特征的流转"并不等同于"市场规则"，因为 K 村 2014 年以后的流转是在政府主导以及干预的前提下完成的。

体，但转给亲友可随时把握对土地的主动权，从长远来看更有利于实现综合效益最大化。

目前农村养老、医疗等保障体系尚不健全，农民解决看病、养老等问题主要依靠土地收入，普遍把土地作为基本的生存保障，对长期流转存后顾之忧。尤其年纪较大的农民，因应对风险的能力有限，加之和田地区受特殊地理环境限制，核桃、红枣、石榴等经济林木也在田间种植，价值变动较大，因此农户宁可选择经济收益较低但能随时收回土地的亲友间流转的方式，也不愿将土地以较高租金长期出租给企业等主体，以免失去对土地的控制力。

2. 熟人社会中差序格局下"自己人"逻辑对市场的排斥

费孝通基于我国农村熟人社会的现实提出了"差序格局"，阐释了中国乡土社会中人与人的信任关系是以自己为圆心、依次向外扩散的，即自身同他人关系在信任程度上存在亲疏远近之分（费孝通，2012）。"差序格局"除了是一种道德范式外，更重要的还在于它是对社会稀缺资源进行分配的方式。而掌握各类社会有形（土地、货币等）和无形资源（声望、权利等）的能力，决定了作为社会网络关系中心的这个人或家庭同他人的人情及信任程度。

在维吾尔族村落，由于熟人社会中的血缘、亲缘及地缘关系本身就是一种重要的信任机制，故流转通常是一种"口头约定"，体现出流转是熟人社会中基于信任关系的非市场交易行为。即使企业等主体给农民更多租金，但农民对这类主体信任度较低，一次性流转期限较长，加之签订合约后农民不能随时要回土地等原因，农民并不会轻易将农地流转给这类主体。访谈三中 K 村二组的 7 户村民将共计 17.3 亩土地转给亲友代为耕种就印证了这一点。另据访谈，农户不得不将农地转出时，在确定流转对象时首先考虑的是父母、子女、兄弟、姐妹等亲属，其次是村内与自己相熟的村民，这建构了 K 村最基本的"自己人"这一行为逻辑。

维吾尔族乡土情境中的"自己人"逻辑及人情法则令流转双方均可获得一种安全感，可有效降低农地流转中的不确定性及风险。因此即使企业等主体支付农民较多租金，农民也不希望将农地流转给这类陌生的主体，而这本身也是对利益至上和市场的排斥。

3."象征性"地租与互惠机制的形成

土地流转发挥着村庄中人情往来纽带的作用，流转当事人遵从村庄中互惠性的伦理及道德规范，而非对土地收益最大化的追逐，此点可从访谈四中得到诠释。

在 K 村，租金更多地体现为一种"象征性"的地租。换言之，这一情境下的地租变成了 K 村亲戚朋友间互相赠与的一份"礼物"，并通过人情交往的互惠机制予以呈现。一方面，当农户暂时不能耕种需转出土地时，与单纯追求经济收益相比，他们更关心的是自家土地可以被较好地管护，至少应保持土地不至弃耕，因此将土地交付给自己最信任的亲友是最好的选择，以便条件允许之时可以随时要回自己的土地进行耕种。另一方面，因 K 村人多地少，把耕地暂时让渡给亲友亦是一种缓解其经济压力的援助形式。概言之，因 K 村土地隐含着村民生存保障的道义责任，该村农户间自发形成的农地流转通过道义经济的互惠原则予以呈现。作为对转出户的"回馈"，转入户肩负着为转出户精心照料农地并防止农地荒芜的义务，而其支付的"象征性"地租并不是用来支付租金的，而是人情交往法则中一种"礼俗式的馈赠"。

不难看出，农民流转行为决策的终极目标实际上是实现自身综合利益的最大化。即在农地作为农民最为重要的生存保障这一背景下，农民究竟偏好哪类流转对象及希望采取何种流转形式的关键取决于怎样才能更加有效地保障自身长远收益的同时最小化地降低所面临的一系列风险，并不是单纯计较流转时如何实现经济利益的最大化。2013 年，K 村农民在流转中偏爱代耕等方式是少数民族聚居地区差序格局情境中传统的乡土秩序及人情关系的集中体现，因交易双方均为熟人，选择人格化交易方式的益处在于可最大限度地使熟人社会中人情法则及互惠机制在非正式合约治理中发挥主导作用，而并不像非人格化的交易中依托书面正式合约为要件的方式。农地流转时，在人情法则下双方心照不宣地接受了转出一方并非在流转期内将土地经营权完全转出，而是对土地经营权持有一种"保留性"的权利①。参与流转的亲友之间既有对彼此家庭生活的道义扶持，亦有相互间的农村乡土社会情境中的权利义务关系。

二、制度设计

结合第四章对辽宁、江西两省的研究，以及本章对新疆少数民族聚居地区 K 村的考察，对于推动农地经营权流转的制度设计应从以下方面着手：

首先，应尊重熟人社会和乡土情境中差序格局下农民对农地流转合约选择的意愿及决策。传统村落的血缘、亲缘、地缘等关系建构了农民群体社会信任的差序格局，这种内嵌于人情关系网络中的信任格局很难超越农民家庭和熟人社会范畴，造成了农村土地要素市场交易的合约特征在很大程度上呈现出人格化倾向。因此，应尊重广大农民尤其是经济社会发展较为落后、劳动力转移不畅及少数民族聚居地区的农民在农地流转缔约行为决策中的意愿及选择。未来随着农业现代化、要素市场化的发展，可能的

---

① 该"保留性"权利可让农地转出者基于自身实际情况的需要随时随地调整和变更农地经营策略。简言之，随时收回土地进行经营的权利是转出者最为重视的。

方向在于在尊重农民意愿的前提下，引导农村社会关系网络的边际外移，通过市场化的合约来促进农地经营权流转，但从目前实践看，需要较长时间过渡和宽松的政策环境，不可一蹴而就。

其次，各级政府在制定和实施农地流转政策、推动合约选择从差序治理向市场治理转变的进程中，应充分考虑不同地区地域特征与经济社会发展水平的差异。在政府介入农地经营权流转的方式选择上，可采取诸如提供流转服务信息、搭建流转服务平台或给予一定流转补贴等灵活多变的方式方法，以便为农地经营权流转合约规范化进程提供良好的外部制度环境与有力的政策保障。应进一步规范政府行为，明确界定政府职能边界，随着农户合约意识的增强及流转市场的完善，未来政府应逐步减少对流转的介入，更多地依托市场定价机制抑或培育非政府性质的中介服务组织来推动农地流转合约规范化进程。

最后，减少流转中的行政干预，警惕公共政策执行中的异化现象。政府介入可改善经营权分置的环境，打破差序治理对流转合约选择的影响，促使合约选择从差序治理向市场治理转变，但政府在流转中存在既当"运动员"又做"裁判员"的潜在可能。不可否认，政府介入农地流转具有规范流转程序、约束流转双方的交易行为、避免出现流转纠纷、减少履约风险、降低交易成本、显化农地交易价格、规范流转合约、稳定农地经营预期等作用。然而，为避免政府过度干预可能带来的侵权等负面效应，需要对政府行为进行必要的限定，以避免侵害农民农地流转自主权。

第二节　推动农地经营权抵押的制度设计

为破解农业经营融资难，解决农地经营权活化这一问题，本书第五章以市场与组织合约的分类为视角，从制度背景入手，在总结梳理我国典型地区实践探索并作简要评价的基础上，紧紧围绕农地经营权主体差异与农地抵押合约方式选择，选取以农户为农地经营权抵押主体的宁夏同心与平罗、以规模经营主体为农地经营权抵押主体的福建明溪与山东枣庄这两对典型案例，从生成机制、贷款操作流程、抵押物、融资机制、适用政策法规、产权交易机构、资产评估部门、价值评估方法、贷款限额、贷款期限、处置及风险分担机制、贷款难易以及市场化程度等方面对农地抵押的市场合约与组织合约进行了对比分析，认为当农户作为农地经营权抵押的主体时，与选择市场合约的直接方式相比，通过引入具有信息收集与定价功能的第三方中介服务组织，采用组织合约的间接方式更容易获得农地经营权抵押贷款。当规模经营主体作为抵押主体时，与采用组织合约的间接抵押方式相比，采取直接抵押的市场合约方式更容易获得农地抵押贷款。在推动农地经营权抵押的制度设计层面应着重从以下方面入手：

首先，继续放松产权管制，从法律上赋予土地经营权抵押贷款的权能。当前，国家推动的以"三权分置"为核心的农地产权制度改革，通过经营权的活化，使通过农地经营权进行抵押贷款成为可能，在很大程度上提高了农民的信贷可获性、适应了农业结构转型的趋势，更为关键的是其消除了政策层面所担心的农民失地风险，农地抵押贷款实践亦在各地区纷纷试点展开。然而，目前《中华人民共和国担保法》及《中华人民共和国物权法》仍明令禁止农地经营权抵押贷款，建议将《中华人民共和国担保法》第三十七条及《中华人民共和国物权法》第一百八十四条"耕地、宅基地、自留地、自留山等集体所有的土地使用权不得抵押"修改为"耕地等集体所有的土地经营权在不得改变当前土地承包关系且不得超过当前承包关系年限的前提下，允许以土地经营权进行抵押"。

其次，鼓励土地经营权抵押中具有信息收集与定价功能的借贷双方之外的第三方中介服务组织（如行业协会、合作社及反担保机构等）积极参与到抵押的过程中，以降低农地抵押的定价费用。当农户作为农地经营权抵押主体时，通过引入具有信息收集与定价功能的第三方中介服务组织，采用组织合约的间接方式更容易获得农地经营权抵押贷款。第五章内容通过对以农户为抵押主体的宁夏同心与平罗这对典型案例进行对比，得出在融资机制、抵押物价值评估、贷款限额、贷款期限、风险分担机制、市场化程度以及政府对利率的管制等方面采用组织合约的同心更具有优势的结论。

最后，建立并完善农地经营权流转市场体系和流转服务平台，减少农地流转中的信息不对称，降低定价成本。与采用组织合约的间接抵押方式相比，采取直接抵押的市场合约方式更容易获得农地抵押贷款。第五章通过对以规模经营主体为农地经营权抵押主体的福建明溪与山东枣庄这对案例的比较发现，在融资机制、贷款限额、贷款期限、申请担保的交易成本、获贷难易程度、风险分担及违约处置机制等方面采用市场合约的明溪较组织合约下的枣庄更具优势，这时以市场合约方式直接抵押可降低农地抵押的定价费用。由于规模主体以经营权进行抵押贷款的前提是通过流转方式获得农地经营权，即只有在流转环节取得的土地经营权具有长期稳定性，才能保障农地抵押贷款的可操作性及可持续性，为此须搭建农地流转服务平台，完善农地经营权流转市场体系。此外，还要开展好农地确权登记颁证工作，应坚持所有权、稳定承包权、放活经营权，尤其是活化经营权，使农地经营权抵押具有明晰的产权归属，以减少流转法律纠纷。

第三节 "三权分置"制度改革的思考

基于前文研究,在对农地经营权流转及抵押进行制度设计之后,针对农地经营权流转中存在的经营权分置程度较弱、差序治理现象以及农地流转后规模经营主体对于农地抵押贷款的需求①,鉴于"三权分置"制度改革的政策目标是有效实现流转与抵押的双重诉求,我们不禁要问,通过怎样的合约结构、选择何种流转方式既能破除流转范围较小且主要发生于农村熟人社会内部、具有人身依附等差序治理特征从而导致农地流转合约不规范的情形,同时又能兼顾农业现代化进程中规模经营主体通过农地经营权进行抵押贷款融资的有效需求?本部分内容试图通过合约的优化选择来促进农地流转与抵押进程并解答上述问题。本部分内容的分析框架如图6-1所示。

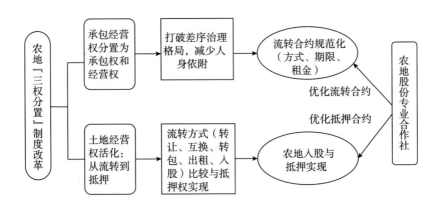

图6-1 "三权分置"、流转方式比较与合约优化

---

① 由于小农户进行农地经营权抵押不需要进行农地流转,而规模经营主体进行农地经营权抵押必须通过流转方能实现,本部分试图将流转与抵押衔接起来,亦即怎样才能既实现流转又兼顾抵押,为此主要探讨规模经营主体如何通过流转合约的优化选择进而更好地实现抵押权能。

一、农地经营权流转（合约）与农地经营权抵押的关系

从本书第三章可知，农地"三权分置"的目标和关键在于活化土地经营权，从而达到优化农村土地要素市场配置、实现农业现代化的目的。然而农业现代化面临着一系列资金约束，并对土地这一农业领域最重要的生产要素的有效使用提出了新的命题：农村土地如何从资源形式的流动转向资产形式的流动。在这种现实背景下，通过"三权分置"活化农地经营权，赋予土地经营权以抵押、担保的权能，允许土地经营权人以土地经营权的形式向金融机构抵押贷款，以满足适度规模经营对于资金的需求，从而缓解农业生产经营融资难的问题。因此，通过农地经营权活化，依托流转实现农地经营权与承包权分置之时，农地作为农户拥有的重要财产，进一步从农地经营权流转再到抵押，从农地流转向农地抵押并重发展显得尤为必要。倘若农村土地在空间上的流动依赖农地流转，那么作为生产要素的农地在时间层面的流动其最有效的方式便是经营权抵押。因此，如果说农地经营权与承包权的分置主要依靠流转来实现，那么农地经营权的活化主要依靠抵押来完成。

农地流转会对农地抵押产生影响，即农地抵押能在多大程度上得以实现，还受到农地流转配置状况的影响。反映在合约上，因为普通小农户的抵押不需要流转农地，而规模经营主体必须通过流转农地经营权才具有实现抵押的可能，为此，对于规模经营主体而言，需要讨论农地经营权流转（合约）对抵押的影响。规模经营主体进行农地抵押的前提是通过农地流转的方式获得农地经营权，由于规模主体在与金融机构发生农地抵押关系时，必须以具有法律效力的农地经营权作为抵押物，那么由此必须保证规模经营主体以书面正式合约的方式流转农地并使之具有法律效力后，金融机构

才可能受理其农地经营权抵押请求，规模经营主体才有可能实现农地经营权抵押的权能。倘若通过口头非正式合约流转农地，银行是不可能发放贷款的。

换言之，规模经营主体倘若想实现农地经营权抵押，其前提是通过书面正式合约的流转方式获得农地经营权。因此，需要讨论通过怎样的流转方式在"三权分置"制度背景下既能破除熟人社会内部流转范围过小、存在的差序治理现象，促进农地经营权流转合约的规范化，同时又能有效兼顾规模经营主体实现农地抵押权能。

二、农地经营权流转方式的比较与抵押权的实现

由于在现行法规之下，农地可行的流转方式①主要有转让、互换、转包、出租、入股等。农地流转权赋予了主体流转农地的权利空间，使农户可以自由选择流转农地的方式，而不同的流转方式会导致农地流转配置在结果上存在差异，进而影响农地抵押的实施和最终的效果。更为关键之处还在于，农地承包权与经营权要想真正实现分置的效果，也必须通过经济学含义上农地的流动才能实现其分置价值。否则，简单通过颁发农地承包权与经营权的两个证件文本，也可以实现法律界定上的"三权分置"，但是这又具有何种经济意义呢？最后还是需要借助农地的具体流动，才能最终体现权属证书的价值。对于规模经营主体而言，要想实现农地经营权抵押，必须借助流转才有可能实现。

---

① 也有一些研究或分类标准认为农地抵押其实也属于农地流转方式的一种。但我们认为一般意义上农地流转行为发生后，原农地经营权人不能利用已经流转出去的农地经营权再进行农业生产活动，而是由新的农地经营权主体（转入方）在转入的土地上进行农业生产活动。而农地抵押虽然某种程度上也属于农地经营权的流动（流向金融机构或担保公司等），但此时经营权的流动并不影响农地经营权人继续在土地上进行农业生产。从这个层面分析，我们认为流转是农地经营权实体的流动，而抵押则是农地经营权虚拟的流动。所以，在本书中，我们不把农地抵押视为农地流转的一种具体方式。

（一）转让与互换

转让，即原土地承包方把自身拥有的土地承包经营权有偿转让给他人，受让方获取完整的土地承包经营权，同时和土地发包方（村集体）生成新的土地承包关系，此时原土地承包人完全退出土地承包关系。互换，主要是指因耕作需要或土地相互毗邻的承包人为了便于耕作和田间管理等缘故彼此交换承包地并发生土地法律关系变更的行为，即土地承包权人失去原承包地上承包经营权的同时获取新承包地上的承包经营权。互换及转让这两种流转形式，因会导致原土地承包关系的灭失，其本身并不会在活化农地经营权的条件下，达到稳定农户承包权的目的。从理论上分析，即使转入方能够负担高昂的谈判费用，通过转让的方式实现农地集中、适度规模经营的目的，然而关键在于转让并未改变承包权和经营权合一的状态，倘若抵押产生了呆账、坏账，金融机构难以有效处置抵押物（农地经营权），因为此时经营权仍然依附于承包经营权。因此，转让与互换难以达到"三权分置"制度改革的内在要求。

（二）转包与出租

《中华人民共和国农村土地承包法》第三十九条、《中华人民共和国物权法》第一百二十八条明文规定，农村集体经济组织内部以转包方式发生流转的原承包方和发包方的关系不发生变更；出租指出租人和承租人共同就农地占有、使用、收益等缔结农地租赁合约。从"三权分置"来看，转包、出租指向的是从承包经营权分置出的土地经营权，此时的流转是一种债权性权利的暂时让渡和转移，本质在于通过出租或转包合约产生的基于土地经营权的债权、债务关系，通过这两种形式流转后，原土地承包方依然享有土地承包权。这两种流转形式，能够完成承包权和土地经营权的分置，然而因转包的接包方必须严格限定为同一集体经济组织内部的成员，因此土地配置很难突破农村集体经济组织这一相对封闭的空间，农地经营权活化的范围和能力十分有限。除此之外，转包和出租的流转形式属于明显的债权性质的土地流动，当产生呆账、坏账时不利于对抵押物的处置。更为关键的在于，当下出租与转包的租金较多以每年支付的方式进行，加上多重委托代理问题和严重的信息不对称①，使土地承包权人不能保证流转租金获取的连贯性，当产生抵押纠纷，抵押权人需处置农地时，承包权人面临丧失耕作土地的潜在风险。因此倘若以这两种方式流转土地，虽然可以实现农地抵押，但在抵押物的处置等方面均存在较多问题。

（三）入股

《中华人民共和国农村土地承包法》第四十二条确立了土地承包经营权入股②这一流转方式，而《中华人民共和国物权法》第一百二十八条采取援引性的规定再次确认了这一流转方式。关于入股的内涵，农业部出台的《农村土地承包经营权流转管理办法》第三十五条作了具体的解释，即土地承包经营权入股是众多承包方自愿将家庭承包地作价入股，联合从事农业合作生产经营。通过土地承包经营权入股可以兼顾"公平"与"效率"的价值目标，推动规模经营，提高农地的经营效益，在一定程度上实现农地经营主体的制度创新。

党的十八届三中全会《中共中央关于全面深化改革若干重大问题的决定》提出赋予农地承包经营权抵押权能，允许农民以承包经营权入股发展农业产业化经营，鼓励承包经营权在公开市场上向专业大户、家庭农场、农民合作社、农业企业流转，发展多种形式的规模经营。在农地"三权分

---

① 农户转出方与农地转入方的委托代理，农地转入方作为抵押人与银行等抵押权人的委托代理。

② 然而，在实践中，土地承包经营权入股流转的行为并不常见，其分布状况也极不均衡，主要集中在广东、江苏等少数经济较为发达的地区。

置"制度背景下，首先，以土地入股获得分红的方式可以充分保障原土地承包权人的权益和利益。其次，在农户（社员）入股合作社时，一般需同合作社签订规范的书面正式合约，并经农村产权交易机构备案鉴证，利于实现农地流转合约的规范化。再次，土地入股能够改变农地流转的债权属性，入股属于物权性质的流转，可以化解债权抵押面临多种合约束缚的难题，以农地入股作为资本，承包权不因承包权人成员权身份而受到影响。最后，农地通过入股方式进行流转，以股权进行加入有助于整合农村集体经济组织之外的资本、技术、劳动力等生产要素以灵活多变的折股方式加入股份合作社（包宗顺等，2015）。基于上述分析，在现行的法律制度和政策环境情境中，笔者认为，以农地入股形式进行的流转可以较好地满足经营权与承包权分置，以及经营权活化并实现抵押权的内在要求，而这恰与"三权分置"的政策目标相一致。

三、农地股份专业合作社：兼顾农地经营权流转与抵押的载体

在"三权分置"制度背景下，笔者认为农地股份专业合作社既是实现农地经营权流转与抵押合约优化的载体，也是未来有效实现"三权分置"制度改革的一个可能的方向。

（一）通过农地入股的流转形式实现了流转过程中的合约优化

经营权从承包经营权中分置出来，农户以入股这一流转方式，通过农地股份专业合作社可以破除差序治理格局，减少人身依附，促使农户农地流转范围扩大并使合约趋于规范化。农户（社员）通过农地入股的流转形式加入农地股份专业合作社，与合作社缔结书面正式合约，且要经农村产权交易中心鉴证备案，有效地促进了农地承包权和经营权的分置。这一做法有利于打破差序治理格局，扩大农地流转交易范围。同时也解除了农地

在熟人社会内部以转包、出租等方式流转时的人身依附问题，通过书面正式合约的方式利于农地流转的实现，并促进农地流转合约的规范化进程。

（二）农地入股合作社后农地股份专业合作社抵押权能的实现

农地通过入股的流转形式加入合作社后，通过经营权活化，农地股份专业合作社作为规模经营主体，可以兼顾抵押权的行使。

农地股份专业合作社这一规模经营主体作为抵押主体时，可以通过合作社与金融机构直接对接，从而以市场合约的方式行使农地抵押权能。当农地股份专业合作社作为抵押主体时，对金融机构而言，在与农地股份专业合作社这一规模经营主体打交道时，一方面，由于合作社通过流转克服了农地细碎化带来的地理专用性与规模过小等问题；另一方面，与小农户作为抵押主体相比，合作社、涉农企业等规模主体在生产能力、固定资产投入、地上附着物价值、盈利及还款能力等方面均优于小农户，而这些隐藏于农地经营权背后的因素也是金融机构格外关注的。由此，当农地股份专业合作社这一规模经营主体进行抵押时，金融机构不需要引入作为信息搜集与定价中心机制的第三方中介组织，通过直接与规模主体谈判，采用市场合约的方式便可完成抵押。

以下笔者结合实地调研的江苏省扬州市江都区真武粮食种植农地股份专业合作社的典型案例加以阐述分析。

四、案例介绍与分析

农地入股的实践最早发轫于广东南海，随后这一创新做法也逐渐为一些经济较为发达省份的部分地区所借鉴，从全国实践来看，农地入股的做法主要发生于广东、江苏、浙江等东部沿江沿海地区，内陆省份的大中城市的郊区也有部分尝试，这些实践经验可以为其他地区开展入股提供参考借鉴。

（一）案例介绍

扬州市江都区真武镇真武村是经三个村落合并组成的纯农业村，目前拥有 28 个村民小组，890 户农户，全村人口共计 2830 人，该村占地面积为 6.6 平方千米，其中耕地为 3171 亩。合作社成立之前，真武村经济发展水平低下，村集体经营性资产尚不足 10 万元，村"两委"领导面对现实问题，从实际情况分析，由于我国对土地实施严格的用途管制，所以上马工业项目不被允许，发展养殖业的话，农户嫌周围气味大且市场风险较高，种植高效果蔬又因市场相对饱和，农业生产呈现出老龄化趋势，许多外出务工的农户都把土地租给本村亲友代耕代种，不需要签订书面正式合约，流转租金也多为象征性的，部分流转租金仅 280 元/亩，农民种粮积极性不高。面对现实，2009 年 8 月村"两委"决定响应国家号召，发展适度规模经营，成立粮食种植农地股份专业合作社，并于 2013 年 12 月变更登记为扬州市江都区真武镇真武粮食种植农地股份专业合作社（下文简称真武粮食种植农地股份专业合作社），通过村组干部带头示范引领广大村民流转土地，通过股份合作的方式，使村民享受制度红利并发展壮大村级经济。

2013 年该村选择史庄、李庄、友爱三个村民小组作为先行试点，88 户村民以全部 288 亩承包土地作为股份加入真武粮食种植农地股份专业合作社，共设 313 股股份（每亩土地折为一股，土地股为 288 股，以 25 万元资金入股折合 25 股）。真武粮食种植农地股份专业合作社订立了规范的章程，并经民主选举产生了第一届理事会和监事会，两会各司其职，严格做好财务管理和监督工作。真武粮食种植农地股份专业合作社通过社员代表大会，公开并公示财务收支状况，彰显"民办、民管、民受益"的办社方针。入股社员均本着自愿原则，在农户申请入股合作社并由合作社审核通过后，农户与真武粮食种植农地股份专业合作社之间订下书面正式合约，依照每亩 500 斤粳稻的市场价兑现入股社员的保底分红，合作社从盈余利润中提取30%公积公益金和 10%财务费用后，余下的 60%全部实行二次分红。2014年秋，未入社农户以承包地入股真武粮食种植农地股份专业合作社的意愿十分强烈。截至 2015 年 12 月，真武粮食种植农地股份专业合作社社员规模达到 691 户，土地股达 2515 股。2015 年，真武粮食种植农地股份专业合作社自主营收突破 282.8 万元，二次分红达到 22.35 万元，入股真武粮食种植农地股份专业合作社的社员亩均收益达 922 元，村级收入净增长额为 12.42万元。

（二）案例分析

第一，农户通过农地入股的流转形式加入真武粮食种植农地股份专业合作社，与合作社缔结书面正式合约，且要经扬州市江都区农村产权交易中心鉴证备案，有效地促进了农地承包权和经营权的分置。这一做法有利于打破差序治理格局，扩大农地流转交易范围。同时也解除了农地在熟人社会内部以转包、出租等方式流转时的人身依附问题，通过书面正式合约的方式利于农地流转的实现，并促进农户农地流转合约的规范化进程。在合作社成立之前，农地流转主要局限于农村熟人社会内部，流转范围较窄，因土地具有较强的人身依附，在差序格局下，流转合约主要是口头非正式合约，合约租金也仅为象征性租金，合约期限较短（可随时收回土地），不利于实现"地尽其用"，土地收益也十分有限，广大农民种粮积极性不高。正因如此，真武粮食种植农地股份专业合作社应运而生。利用农地入股加入真武粮食种植农地股份专业合作社的方式，使土地集中连片经营，破解了一家一户小规模种植及土地细碎化等难题。通过设定股权以每亩耕地 500斤粳稻保底租金分红的形式为农户农地承包权的落实起到了保障作用，而二次分红则与承包权无关，是农地经营权发挥经济职能并创造财富的具体体现。农户以土地入股合作社后，还在参与合作社的管理工作，因为合作社关于经营管理的具体安排和详细计划必须经过理事会的投票表决，在社员大会及社员代表大会上只有多数社员同意的前提下方能开展，此外，部分入社农户成为监事会成员，对理事会行使监督权。因此，真武粮食种植农地股份专业合作社以农地入股并固化股权的方式，有效地促进了农地承包权和经营权的分置。与此同时，保障了承包权的稳定分红及利用经营权创造财富后进行二次分红的实现。从合约方式分析，与入股合作社前在亲友间的口头非正式合约、象征性合约租金及短期合约相比，入社后呈现为书面正式合约，合约期限较长，而且合约租金远高于入社前，呈现出鲜明的市场化特征。

第二，通过经营权活化，真武粮食种植农地股份专业合作社实现了农地抵押。扬州市江都区作为江苏省农村改革试验区，在苏中地区最早进行土地承包经营权抵押融资试点工作，成立了以区政府主要领导为组长的抵押贷款工作领导小组，并出台了江都区《农村集体土地承包经营权抵（质）押登记管理办法》，为推进"三权"抵（质）押贷款提供了有力的组织保障。市、区两级农工办积极同各金融机构协调，组建了合作社、涉农企业等经营主体的信用体系评测标准，遴选出包括真武粮食种植农地股份专业合作社在内的信贷重点支持对象，建立并完善了抵（质）押贷款实施办法。截至2016年，邮储银行、农业银行等金融机构为包括真武粮食种植农地股份专业合作社在内的39个新型农业经营主体提供抵押贷款共计2155万元。真武粮食种植农地股份专业合作社这一规模经营主体作为抵押主体时，可以通过合作社与金融机构直接对接，从而以市场合约的方式行使农地抵押权能。其抵押程序为：①真武粮食种植农地股份专业合作社向真武镇农地流转服务平台申请抵押登记，然后上报江都区农工办审核，核准通过后发放农地经营权流转证书。②抵押贷款手续办理。真武粮食种植农地股份专业合作社以农地经营权流转证书为抵押物向当地银行提出贷款请求，银行评估农地价值并确定可贷款额度。③银行向真武粮食种植农地股份专业合作社发放贷款。

第三，不难看出，真武粮食种植农地股份专业合作社的抵押贷款是在"三权分置"的基础上实现的，该合作社向金融机构贷款融资的前提是持有农地经营权流转证书。从进一步减少贷款风险考虑，扬州市江都区级财政安排了500万元专项资金作为风险补偿基金，产生贷款纠纷时，经调查核实，对确需进行风险补偿的贷款由风险补偿基金与金融机构按照2∶8的比例分担。利用风险补偿基金偿还债务后，当借款人不履行债务时，金融机构可以通过江都区农村产权交易中心这一流转服务平台以再次流转、拍卖等灵活形式变现土地经营权及地上附着物。

由上述分析可知，以地入股加入农地股份专业合作社可能会成为诠释"三权分置"较好的农地流转方式。一方面，通过入股这一流转方式加入农地股份专业合作社可以实现承包权与经营权的分置，改善熟人社会中的分置环境，扩大农地流转范围，减少熟人之间流转时的人身依附，合约方式、合约期限及合约租金呈现出市场化特征，促使农地流转从熟人社会的差序治理向市场治理方向转变；另一方面，通过经营权活化，农地股份专业合作社可以通过市场合约的方式有效兼顾农地抵押权能的行使，实现抵押贷款融资的需求。

第四节 小 结

本章内容通过对前面两章的总结，针对"三权分置"制度背景下农地经营权流转、抵押两部分内容的研究结论及存在的问题，进行了制度的设计，探讨了怎样通过农地经营权流转、抵押从而更有效地实现"三权分置"政策目标的制度安排。继而，通过对不同农地流转方式的剖析，认为通过入股加入农地股份专业合作社这一流转方式可以同时兼顾农地经营权流转与抵押的实现。在"三权分置"制度改革的实施进程中，在条件允许的地区，可以适时并优先考虑选择通过农地股份专业合作社的形式，实现经济意义上农地"三权"的有效分置。

第七章　主要研究结论与研究展望

本书主要以经济学中合约、产权及社会学中差序治理等理论为指导，沿着"'三权分置'制度背景下农地经营权流转与抵押的合约选择研究"这一主题，遵循"'三权分置'制度背景下农地经营权流转的合约选择——'三权分置'制度背景下农地经营权抵押的合约选择——农地经营权流转及抵押的制度设计与改革启示"的逻辑主线。全书主要围绕以下几个问题展开：

（1）立足于我国农村社会特定的文化背景，通过对"差序治理"现象的阐述，试图构建对农地经营权流转合约选择产生影响的理论分析框架，并借助对江西、辽宁两省979户参与流转农户入户的调研数据，运用计量分析模型，从转入与转出两方面探讨差序治理对流转合约方式、合约租金及合约期限的影响，并进一步检验政府介入条件下差序治理对农地流转合约选择的影响差异。

（2）在农地经营权抵押过程中，作为抵押物的农地经营权存在主体上（农户主体、规模经营主体）的差异，这种差异又会对农地经营权抵押的合约选择造成怎样的影响？为此，本书基于市场与组织合约分类的视角，运用对比分析的方法对不同试点案例存在的共性及差异进行比较，探讨农地经营权主体存在的差异性及不同农地经营权主体下农地抵押合约方式的匹配问题。

（3）在分别对农地经营权流转与抵押情境下合约选择问题进行阐述和研究后，在总结前述研究的结论及存在问题的基础上，进行制度设计，着重探讨如何通过农地经营权流转、抵押从而更有效地实现"三权分置"的政策目标。在此基础上，简要讨论未来改革的可能方向，借此提出当前农地产权结构改革背景下的理论与实践启示。

本章主要对全书主要研究结论作简要概括与总结，同时提出相应政策建议。

第一节　研究结论

（一）差序治理对农地流转合约选择的影响受治理情境约束，政府介入流转有助于打破差序治理格局

强关系治理和弱关系治理共同构成了差序治理的内涵，因此，差序治理的本质是一种关系治理。对于差序治理，理论剖析显示，由于农户农地流转的对象涉及不同主体，比如企业等规模经营主体、外村农户、本村农户以及亲友等，相应地，根据农户与流转对象的关联程度及亲疏远近，农地流转分为无关联及弱关联、强关联及熟人关联两种情境。无关联及弱关联中的一般交换原则更适合使用正式制度，倾向于通过具有市场化特征的政策、法规等形式予以保障，故将其界定为"弱关系治理"，而弱关系治理情境更倾向于同书面正式合约方式、较长的合约期限及较高的合约租金相匹配；强关联以及熟人关联中的血缘及亲缘间的需求规则、人情法则更多

通过非正式制度发挥作用，本书将其界定为"强关系治理"，而在这种治理情境下更倾向于同口头非正式合约方式、较低（象征性）的合约租金、较短的合约期限相匹配。当政府介入农地流转进程后，差序治理逐渐被打破，呈现出由差序治理向市场治理转变的趋势。借助江西、辽宁两省大规模流转农户的实地调研数据，结合数据描述性统计及计量分析模型的实证检验，验证了上述理论推导。

本书在得出"差序治理对农地流转合约选择的影响受治理情境约束，政府介入流转有助于打破差序治理格局"研究结论的基础上，提出了应尊重熟人社会和乡土情境中差序格局下农民对农地流转合约选择的意愿及决策；各级政府在制定和实施农地流转政策、推动合约选择从差序治理向市场治理转变的进程中，应充分考虑不同地区地域特征与经济社会发展水平的差异；减少流转中的行政干预，警惕公共政策执行中的异化现象等建议。

（二）抵押中存在直接与间接定价的差异，农户作为抵押主体时采用组织合约更有优势；规模主体作为抵押主体时采用市场合约更易获得贷款

当农地经营权人为承包权人时，此时抵押多为小农户行为，因小农户的高异质性、农地细碎化的地理专用性和农户成员权的不可变动，金融机构面临抵押物的处置风险。所以需引入一个中间组织以降低抵押中的定价费用，确保农户的贷款主体资质及抵押物能有效处置。农户作为抵押主体时，同心案例对应的组织合约下呈现出的贷款金额所占土地经营权认定价值的比例、贷款期限、风险防范及监督机制、市场化程度、贷款利息率等方面的特征要比平罗案例对应的市场合约下这些方面特征的呈现更有优势。

当农地经营权人为非承包权人时，因两者的分离需借助流转，而流转可解决以农户为单位的主体面临的农地均分约束。因此，当规模经营主体进行抵押时，通过直接与金融机构谈判，可减少交易环节、节约交易费用。

当规模经营主体作为抵押主体时，明溪案例对应的市场合约下呈现出的贷款金额所占农地经营权认定价值的比例、贷款期限、风险分担及违约处置机制、申请担保的交易成本、获得贷款难易程度等方面的特征要比枣庄案例对应的组织合约下这些特征的呈现更具优势。

本书在得出"抵押中存在直接与间接定价的差异，农户作为抵押主体时采用组织合约更有优势；规模主体作为抵押主体时采用市场合约更易获得贷款"研究结论的基础上，提出了继续放松产权管制，从法律上赋予土地经营权抵押贷款的权能；鼓励对土地经营权抵押中具有信息收集与定价功能的借贷双方之外的第三方中介服务组织（如行业协会、合作社及反担保机构等）积极参与到抵押的过程中，以降低农地抵押的定价费用；建立并完善农地经营权流转市场体系和流转服务平台，减少农地流转中的信息不对称，降低定价成本等政策建议。

（三）从改善农地流转合约选择的差序格局及农地抵押中不同主体对于政策的需求等方面进行制度设计，指出农地股份专业合作社可兼顾流转与抵押的实现，是未来"三权分置"制度改革的可能方向

针对农地流转合约选择中存在的差序现象及政府介入的"度"等问题，从以下方面进行制度设计：尊重熟人社会和乡土情境中差序格局下农民对农地流转合约选择的意愿及决策；各级政府在制定和实施农地流转政策、推动合约选择从差序治理向市场治理转变的进程中，应充分考虑不同地区地域特征与经济社会发展水平的差异；规范政府行为，减少行政干预，明确界定政府职能边界，警惕公共政策执行中的异化现象。

为探究农地抵押合约选择中农户与规模经营这两类主体在抵押中如何更好地通过合约匹配实现抵押，本书从以下方面进行制度设计：继续放松产权管制，从法律上赋予土地经营权抵押贷款的权能；鼓励对土地经营权

抵押中具有信息收集与定价功能的借贷双方之外的第三方中介服务组织（如行业协会、合作社及反担保机构等）积极参与到抵押的过程中，以降低农地抵押的定价费用；建立并完善农地经营权流转市场体系和流转服务平台，减少农地流转中的信息不对称，降低定价成本。

在"三权分置"制度背景下，我们认为通过入股加入农地股份专业合作社这一流转方式可以同时兼顾农地经营权流转与抵押的合约优化。一方面，在承包权与经营权分置下，农地股份专业合作社可以破除差序治理格局，减少人身依附，促使农户农地流转合约趋于规范化。另一方面，通过经营权活化，农地股份合作社可以兼顾抵押权的行使，以入股的流转方式获得农地后，合作社因其本身就属于规模经营主体，其通过直接与金融机构谈判，采用市场合约的方式便可完成农地经营权的抵押贷款。需要注意的是，虽然农地股份专业合作社可以将农地经营权流转与抵押衔接起来，也有利于合约的优化，但合作社在发展的过程中可能会对农民造成一些潜在风险（如农民土地权利的丧失、强迫农民入股加入合作社等），为此也需要考虑到各地区是否具备发展合作社的外部环境及适用性等问题。

所以，在"三权分置"制度改革的实施进程中，在条件允许的地区，可以根据实际情况，适时考虑选择通过农地股份专业合作社的形式，以实现经济意义上农地"三权"的有效分置，当然，在土地经营权入股合作社时，需遵循入股自愿、平等协商、有偿流转；集体所有、稳定承包、农业用途；合理期限、规范入股、权益保护等原则（赵攀奥等，2017），并加强有关政策与配套设计，具体包括研究推进土地经营权入股登记制度、建立市场体制、构建入股保障机制等。

第二节　研究展望

在"三权分置"制度背景下，本书研究了农地经营权流转与抵押的合约选择问题，重点关注的是农地经营权流转与抵押过程中合约选择的行为以及哪些因素对流转与抵押合约选择产生了影响，但由于数据等原因，并没有涉及对于农地经营权流转与抵押合约选择后的绩效分析，未来随着"三权分置"制度改革的进一步推进，对于农地经营权流转而言，如果能够形成面板数据，对"三权分置"制度改革前以及改革后不同时间段面板数据进行对比分析，进而对流转合约的实际绩效进行深入剖析，将会更有意义。对于农地经营权抵押，考虑到农地经营权抵押案例的典型性与代表性等问题，本书选择的抵押案例区域和农地流转样本区域并不在同一个地区，这也是本书存在的不足之处，未来如果能在本书涉及的农地流转样本区域挖掘农地经营权抵押的典型案例，将更有说服力。

参考文献

［1］Alchian A. , H. Demsetz. The Property Rights Paradigm ［J］. Journal of Economic History, 1973, 33 (1): 16-27.

［2］A. Charnes, W. W. Cooper, E. Rhodes. Measuring the Efficiency of Decision Making Units ［J］. European Journal of Operational Research, 1978, 2 (6): 429-444.

［3］Barzel, Yoram. A Theory of Rationing by Waiting ［J］. Journal of Law and Economics, 1974, 17 (5): 73-96.

［4］Beekman G. , Bulte E. H. Social Norms, Tenure Security and Soil Conservation: Evidence from Burundi ［J］. Agricultural Systems, 2012, 108 (C): 50-63.

［5］Belay K. , Manig W. Access to Rural Land in Eastern Ethiopia: Mismatch between Policy and reality ［J］. Journal of Agriculture and Rural Development in the Tropics and Subtropics, 2004, 105 (2): 123-138.

［6］Besley T. Property Rights and Investment Incentives: Theory and Evidence from Ghana ［J］. Journal of Political Economy, 1995, 103 (5): 903-937.

[7] Boeke, Julius Herman. Economics and Economic Policy of Dual Socie-ties as Exemplified by Indonesia [M]. New York: I. P. R., 1953.

[8] Bogaerts T., Williamson I. P. The Role of Land Admin-Istration in the Accession of Central—European Countries to the European Union [J]. Land use Policy, 2002, 19 (1): 29-46.

[9] Brasselle A., F. Gaspart, J. Platteau. Land Tenure Security and Invest-ment Incentives: Puzzling Evidence from Burkina Faso [J]. Journal of Develop-ment Economics, 2002, 67 (2): 373-418.

[10] Brauw, Alan de, Jikun Huang, Linxiu Zhang, Scott Rozelle. The Feminisation of Agriculture with Chinese Characteristics [J]. The Journal of De-velopment Studies, 2013, 49 (5): 689-704.

[11] Cheung S. N. S. Transaction Costs, Risk Aversion, and the Choice of Contractual Arrangements [J]. JL&Econ, 1969 (12): 23-42.

[12] Cheung S. The Contractual Nature of the Firm [J]. Journal of Law and Economics, 1983, 26 (1): 1-21.

[13] Deininger K., Jin S. Tenure Security and Land-related Investment: Evidence from Ethiopia [J]. European Economic Review, 2006, 50 (5): 1245-1277.

[14] Dong, Xiaoyuan. Two-Tier Land System and Sustained Economic Growth in Post-1978 Rural China [J]. World Development, 1996, 24 (5): 915-928.

[15] Furubotn Eirik G., Pejovich, Svetozar. Property Rights and Economic Theory: A Survey of Recent Literature [J]. Journal of Economic Literature, 1972, 10 (4): 1137-1162.

［16］ Gao L. , Huang J. , Rozelle S. Rental Markets for Cultivated Land and Agricultural Investments in China ［J］. Agricultural Economics, 2012, 43 (4): 391-403.

［17］ Grossman S. , Hart O. The Costs and Benefits of Ownership: A Theory of Vertical and Lateral Integration ［J］. Journal of Political Economy, 1986, 94 (4): 691-719.

［18］ Hart O. D. , Moore J. Property Rights and the Nature of the Firm ［J］. Journal of Political Economy, 1990, 98 (6): 1119-1158.

［19］ Ho, Peter. Institutions in Transition: Land Ownership, Property Rights and Social Conflict in China ［M］. New York Oxford University Press, 2005.

［20］ Jin S. , Deininger K. Land Rental Markets in the Process Structural Transformation: Productivity and Equity Impacts from China ［J］. Journal of Comparative Economic, 2009, 37 (4): 626-646.

［21］ Justin, Yifu Lin. Rural Reforms and Agricultural Growth in China ［J］. American Economic Review, 1992 (82): 34-51.

［22］ Kung J. K. , Ying Bai. Induced Institutional Change or Transaction Costs? The Economic Logic of Land Reallocations in Chinese Agriculture ［J］. Journal of Development Studies, 2011, 24 (10): 1510-1528.

［23］ Kung J. K. S. , Bai Y. Induced Institutional Change or Transaction Costs? The Economic Logic of Land Reallocations in Chinese Agriculture ［J］. Journal of Development Studies, 2011, 47 (10): 1510-1528.

［24］ Lang H. Ma X. , Heerink N. , et al. Tenure Security and Land Rental Market Development in Rural China ［C］. Yanglin: 6th CAER-IFPRI Annual

International Conference, 2014.

[25] Lin J. Y. Rural Reforms and Agricultural Growth in China [J]. The American Economic Review, 1992, 82 (1): 34-51.

[26] Lin, Justin Yi Fu. The Household Responsibility System Reform in China: A Peasant's Institutional Choice [J]. American Journal of Agricultural Economics, 1987, 69 (2): 410-415.

[27] Ma X., Heerink N., Van Ierland E., et al. Land Tenure Security and Land Investments in Northwest China [J]. China Agricultural Economic Review, 2013, 5 (2): 281-307.

[28] Macours K., De Janvry A., Sadoulet E. Insecurity of Property Rights and Matching in the Tenancy Market [J]. Department of Agricultural & Resource Economics, 2004, 54 (7): 880-899.

[29] Masterson T. Productivity, Technical Efficiency and Farm Size in Paraguayan Agriculture [R]. Levy Economics Institute Working Paper, 2007.

[30] North D. C. Understanding the Process of Economic Change [M]. Princeton: Princeton University Press, 2005.

[31] North. Institutions, Institutional Change and Economics Performance [M]. Cambridge: Cambridge University Press, 1990.

[32] Oliver Hart. Corporate Governance: Some Theory and Implications [J]. The Economic Journal, 1995, 105 (430): 678-689.

[33] Pamuk A. Informal Institutional Arrangements in Credit, Land Markets and Infrastructure Delivery in Trinidad [J]. International Journal of Urban and Regional Research, 2000 (24): 379-496.

[34] Pattanayak S. K., Mercer D. E., Sills E., Yang, J. C. Taking Stock

of Agroforestry Adoption Studies ［J］. Agroforestry Systems, 2003（57）: 173-186.

［35］Rozelle S. , Brandt L. , Guo L. , Huang J. Land Rights in China: Facts, Fictions, and Issues ［J］. China Journal, 2002, 47（1）: 67-97.

［36］Rozelle S. , Swinnen J. F. Success and Failure of Reform: Insights from the Transition of Agriculture ［J］. Journal of Economic Literature, 2004, 42（2）: 404-456.

［37］Rozelle S. G. LI. Village Leaders and Land-Rights Formation in China ［J］. American Economic Review, 1998, 88（2）: 433-438.

［38］Simon, Herbert A. Administrative Behavior: A Study of Decision - Making Processes in Administrative Organization ［M］. New York: Macmillan Publishing Company, 1947.

［39］Sjaastad E. , Cousins B. Formalisation of Land Rights in the South: an Overview ［J］. Land Use Policy, 2009（26）: 1-9.

［40］Tao R. , Xu Z. Urbanization, Rural Land System and Social Security for Migrants in China ［J］. The Journal of Development Studies, 2007（43）: 1301-1320.

［41］Tian C. , Song Y. , Boyle C. E. Impacts of China's Burgeoning Rural Land Rental Markets on Equity: A Case Study of Developed Areas along the Eastern Coast ［J］. Regional Science Policy & Practice, 2012, 4（3）: 301-315.

［42］Williamson O. Transaction-Cost Economics: The Governance of Contractual Relations ［J］. Journal of Law and Economics, 1979（22）: 233-261.

［43］Williamson, Oliver E. The Theory of the Firm as Governance Structure: From Choice to Contract ［J］. Journal of Economic Perspectives, 2002,

16（3）：171-195.

［44］Winn J. K. Relational Practices and the Marginalization of Law：Informal Financial Practices of Small Businesses in Taiwan［J］. Law and Society Review, 1994, 28（2）：195-232.

［45］Yao Y., Carter M. R. Market Versus Administrative Reallocation of Agricultural Land in a Period of Rapid Industrialization［J］. World Bank Policy Research Working Paper Series, 1999.

［46］Yao Y. The Development of the Land Lease Market in Rural China［J］. Land Economics, 2000, 76（2）：252-266.

［47］阿依吐尔逊·沙木西, 金晓斌, 周寅康. 维吾尔族农户农地流转意愿的影响因素分析——基于新疆库尔勒市调研数据［J］. 资源科学, 2013, 35（1）：225-231.

［48］包宗顺, 徐志明, 高珊, 周春芳. 农村土地流转的区域差异与影响因素——以江苏省为例［J］. 中国农村经济, 2009（4）：23-30, 47.

［49］包宗顺, 伊藤顺一, 倪镜. 土地股份合作制能否降低农地流转交易成本？——来自江苏 300 个村的样本调查［J］. 中国农村观察, 2015（1）：59-70.

［50］常伟. 社会网络的农地流转租金效应［J］. 统计与信息论坛, 2017, 32（2）：122-128.

［51］陈超, 任大廷. 基于前景理论视角的农民土地流转行为决策分析［J］. 中国农业资源与区划, 2011（2）：18-21.

［52］陈会广, 单丁洁. 农民职业分化、收入分化与农村土地制度选择——来自苏鲁辽津四省市的实地调查［J］. 经济学家, 2010（4）：85-92.

［53］陈会广，刘忠原．土地承包权益对农村劳动力转移的影响［J］．中国农村经济，2013（11）：12-23.

［54］陈甲，张红霄，何文剑．组织介入对农地流转租金的影响研究——来自江苏省地块层面的经验证据［J］．农村经济，2021（1）：54-61.

［55］陈美球，肖鹤亮，何维佳，等．耕地流转农户行为影响因素的实证分析——基于江西省1396户农户耕地流转行为现状的调研［J］．自然资源学报，2008，23（3）：369-374.

［56］陈胜祥．农地"三权"分置的路径选择［J］．中国土地科学，2017（2）：22-28+57.

［57］陈锡文．关于农村土地制度改革的两点思考［J］．经济研究，2014（1）：4-6.

［58］程志强．对我国土地信用合作社实践的思考——以宁夏平罗为例［J］．管理世界，2008（11）：1-8.

［59］仇童伟，石晓平，马贤磊．农地流转经历、产权安全认知对农地流转市场潜在需求的影响研究——以江西省丘陵地区为例［J］．资源科学，2015，37（4）：645-653.

［60］杜书云，徐景霞，牛文涛．农地市场化流转与农民多维权益实现困局——来自河南省孟楼镇的观察［J］．农业经济问题，2020（4）：49-57.

［61］杜赞奇．文化、权力与国家：1900—1942年的华北农村［M］．南京：江苏人民出版社，2010.

［62］房启明，罗剑朝，曹瓅．农地抵押融资试验模式比较与适用条件［J］．华南农业大学学报（社会科学版），2015（3）：33-42.

［63］费孝通. 乡土中国［M］. 北京：北京大学出版社，2012.

［64］费孝通. 乡土中国生育制度［M］. 北京：北京大学出版社，1998.

［65］丰雷，胡依洁，蒋妍，李怡忻. 中国农村土地转让权改革的深化与突破——基于 2018 年"千人百村"调查的分析和建议［J］. 中国农村经济，2020（12）：2-21.

［66］丰雷，李怡忻，蒋妍，胡依洁. 土地证书、异质性与农地流转——基于 2018 年"千人百村"调查的实证分析［J］. 公共管理学报，2021，18（1）：151-164.

［67］弗兰克·艾利思. 农民经济学［M］. 上海：上海人民出版社，2006.

［68］付江涛，纪月清，胡浩. 产权保护与农户土地流转合约选择——兼评新一轮承包地确权颁证对农地流转的影响［J］. 江海学刊，2016（3）：74-80.

［69］高圣平. 承包土地的经营权抵押规则之构建——兼评重庆城乡统筹综合配套改革试点模式［J］. 法商研究，2016（1）：3-12.

［70］高圣平. 农地金融化的法律困境及出路［J］. 中国社会科学，2014（8）：147-166.

［71］郜亮亮，黄季焜. 不同类型流转农地与农户投资的关系分析［J］. 中国农村经济，2011（4）：9-17.

［72］郜亮亮. 中国农户在农地流转市场上能否如愿以偿？——流转市场的交易成本考察［J］. 中国农村经济，2020（3）：78-96.

［73］耿鹏鹏，罗必良. 土地"拍卖"、赢者诅咒与农地投资激励［J］. 经济科学，2021（6）：101-114.

［74］郭贯成，吴群．农地资源不同价值属性的产权结构设计实证［J］．中国人口·资源与环境，2010，20（4）：143-147.

［75］郭继．农地流转合同形式制度的运行与构建［J］．中国农业大学学报（社会科学版），2009（4）：37-44.

［76］郭亮．被塑造的产权：兼论30年不变的土地承包政策是如何可能的［J］．学习与探索，2010（2）：76-78.

［77］郭泰慧，杨俊孝，双文元．新疆北疆地区农地流转影响因素研究［J］．新疆农业科学，2011，48（6）：1145-1151.

［78］郭于华．"道义经济"还是"理性小农"：重读农民学经典论题［J］．读书，2002（5）：104-110.

［79］郭忠兴，汪险生，曲福田．产权管制下的农地抵押贷款机制设计研究——基于制度环境与治理结构的二层次分析［J］．管理世界，2014（9）：48-57.

［80］韩俊．中国"三农"问题的症结与政策展望［J］．中国农村经济，2013（1）：4-7.

［81］韩松．新农村建设中土地流转的现实问题及其对策［J］．中国法学，2012（1）：19-32.

［82］何欣，蒋涛，郭良燕，甘犁．中国农地流转市场的发展与农户流转农地行为研究［J］．管理世界，2016（6）：79-89.

［83］何一鸣，罗必良，高少慧．农业要素市场组织的契约关联逻辑［J］．浙江社会科学，2014（7）：47-53.

［84］贺雪峰．地权的逻辑——中国农村土地制度向何处去［M］．北京：中国政法大学出版社，2010.

［85］贺雪峰．论土地资源与土地价值——当前土地制度改革的几个重

大问题［J］.国家行政学院学报，2015，7（3）：31-38.

　　［86］贺振华.农村土地流转的效率：现实与理论［J］.上海经济研究，2003（3）：11-17.

　　［87］赫尔南多·德·索托.资本的秘密［M］.北京：华夏出版社，2012.

　　［88］洪名勇，龚丽娟.农地流转口头契约自我履约机制的实证研究［J］.农业经济问题，2015（8）：13-20.

　　［89］洪名勇，何玉凤，宋恒飞.中国农地流转与农民收入的时空耦合关系及空间效应［J］.自然资源学报，2021，36（12）：3084-3098.

　　［90］洪名勇，何玉凤.邻里效应及其对农地流转选择行为的影响机制研究——基于贵州省540户农户的调查［J］.农业技术经济，2020（9）：4-19.

　　［91］洪名勇，钱龙.声誉机制、契约选择与农地流转口头契约自我履约研究［J］.吉首大学学报（社会科学版），2015（1）：34-43.

　　［92］洪名勇，尚名扬.信任与农户农地流转契约选择［J］.农村经济，2013（4）：23-27.

　　［93］洪炜杰，陈江华.农地细碎化对农地流转的影响［J］.中南财经政法大学学报，2021（2）：103-110.

　　［94］侯明利.基于熵值法的劳动力流动与农地流转互动耦合关系及时空特征研究［J］.干旱区资源与环境，2020，34（8）：52-58.

　　［95］胡霞，刘晓君.东亚小农现代化的土地难题——以日本为例［J］.中国农业大学学报（社会科学版），2021，38（3）：18-29.

　　［96］胡新艳，陈相泼，饶应巧.农业服务外包如何影响农地流转？——来自河南麦区的分析［J］.农村经济，2021（9）：44-52.

［97］胡新艳，洪炜杰．农地租约中的价格决定——基于经典地租理论的拓展分析［J］．南方经济，2016（10）：1-11.

［98］黄光国．人情与面子：中国人的权利游戏［M］．北京：中国人民大学出版社，2010.

［99］黄季焜．制度变迁和可持续发展：30 年中国农业与农村［M］．上海：上海人民出版社，2008.

［100］黄善林，郭秀，郭翔宇．农地流转、农地退出与宅基地退出的联动机制研究［J］．学习与探索，2021（3）：137-144.

［101］黄伟，邢娇阳．我国农地流转租金实践与模型修正［J］．农村经济，2013（8）：34-36.

［102］黄宗智．华北的小农经济与社会变迁［M］．南京：中华书局，2000.

［103］黄祖辉．"三权分置"与"长久不变"的政策协同逻辑与现实价值［J］．改革，2017（10）：123-126.

［104］吉登艳，马贤磊，石晓平．土地产权安全对土地投资的影响：一个文献综述［J］．南京农业大学学报（社会科学版），2014（3）：52-61.

［105］贾燕兵．交易费用、农户契约选择与土地承包经营权流转［D］．成都：四川农业大学博士学位论文，2013.

［106］金松青，Klaus Deininger．中国农村土地租赁市场的发展及其在土地使用公平性和效率性上的含义［J］．经济学（季刊），2004（3）：1003-1027.

［107］孔祥智，徐珍源．转出土地农户选择流转对象的影响因素分析：基于综合视角的实证分析［J］．中国农村经济，2010（12）：17-25.

［108］孔祥智．一号文件的重点以及完善土地流转的四项建议［J］．理论导报，2010（2）：11-16．

［109］蓝菁，李秋明．农地流转的社会乘数效应——对乡村治理之困与农民参与的分析［J］．华中师范大学学报（人文社会科学版），2021，60（6）：59-68．

［110］乐章．农民土地流转意愿及解释——基于十省份千户农民调查数据的实证分析［J］．农业经济问题，2010（2）：64-70．

［111］黎霆，赵阳，辛贤．当前农地流转的基本特征及影响因素分析［J］．中国农村经济，2009（10）：49-53．

［112］李长健，杨莲芳．三权分置、农地流转及其风险防范［J］．西北农林科技大学学报（社会科学版），2016，16（4）：49-55．

［113］李成龙，周宏．农户会关心租来的土地吗？——农地流转与耕地保护行为研究［J］．农村经济，2020（6）：33-39．

［114］李宁，陈利根，刘芳铭．农地产权变迁呈现出结构细分特征的原因分析［J］．中国人口·资源与环境，2016（6）：52-61．

［115］李宁，陈利根，孙佑海．现代农业发展背景下如何使农地"三权分置"更有效——基于产权结构细分的约束及其组织治理的研究［J］．农业经济问题，2016（7）：11-26．

［116］李鸥．中国养活自己能力的长期预测：技术和政策分析［J］．经济研究，2004（5）：76-87．

［117］李尚蒲，仇童伟，谢琳．粮食直补、农地市场结构与农地租金决定［J］．学术研究，2021（4）：95-100．

［118］李韬，罗剑朝．农户土地承包经营权抵押贷款的行为响应［J］．管理世界，2015（7）：54-70．

[119] 李霞，李万明．农地流转口头协议的制度经济学分析——一个交易费用分析的框架［J］．农业经济，2011（8）：85-86.

[120] 廖洪乐．农地"两权"分离和"三权"分置的经济学与法学逻辑［J］．南京农业大学学报（社会科学版），2020，20（5）：109-118.

[121] 林乐芬，法宁．新型农业经营主体融资难的深层原因及化解路径［J］．南京社会科学，2015（7）：150-156.

[122] 刘洪彬，于国锋，王秋兵，等．大城市郊区不同区域农户土地利用行为差异及其空间分布特征——以沈阳市苏家屯区238户农户调查为例［J］．资源科学，2012（5）：879-888.

[123] 刘建民，于敏．大整合大跨越——西宁（国家级）经济技术开发区系列报道之一［N］．青海日报，2010-07-20.

[124] 刘克春．农户要素禀赋、交易费用与农户农地转出行为——基于江西省农户调查［J］．商业研究，2008（8）：165-168.

[125] 刘守英，王佳宁．长久不变、制度创新与农地"三权分置"［J］．改革，2017（12）：5-14.

[126] 刘涛，曲福田，金晶，等．土地细碎化、土地流转对农户土地利用效率的影响［J］．资源科学，2008，30（10）：1511-1516.

[127] 刘文勇，孟庆国，张悦．农地流转租约形式影响因素的实证研究［J］．农业经济问题，2013（8）：43-48.

[128] 刘文勇，张悦．农地流转中农户租约期限短期倾向的研究：悖论与解释［J］．农村经济，2013（1）：22-25.

[129] 楼建波．农户承包经营的农地流转的三权分置——一个功能主义的分析路径［J］．南开学报（哲学社会科学版），2016（4）：53-69.

[130] 吕晓，臧涛，张全景．农户规模经营意愿与行为的影响机制及

差异——基于山东省 3 县 379 份农户调查问卷的实证〔J〕.自然资源学报，2020，35（5）：1147-1159.

[131] 罗必良，何一鸣.博弈均衡、要素品质与契约选择〔J〕.经济研究，2015（8）：162-174.

[132] 罗必良，李尚蒲.农地流转的交易费用：威廉姆森分析范式及广东的证据〔J〕.农业经济问题，2010（12）：30-40.

[133] 罗必良，刘茜.农地流转纠纷：基于合约视角的分析〔J〕.广东社会科学，2013（1）：35-44.

[134] 罗必良，杨雪娇，洪炜杰.饥荒经历、禀赋效应与农地流转——关于农地流转不畅的机理性解释〔J〕.学术研究，2021（4）：78-86.

[135] 罗必良，郑沃林.产权特性、心理账户与农地流转〔J〕.东岳论丛，2019，40（10）：25-32.

[136] 罗必良.合约理论的多重境界与现实演绎：粤省个案〔J〕.改革，2012（5）：66-82.

[137] 罗必良.要素交易、契约匹配及其组织化——"绿能模式"对中国现代农业发展路径选择的启示〔J〕.开放时代，2020（3）：133-156.

[138] 罗必良.中国农业经营制度：立场、线索与取向〔J〕.农林经济管理学报，2020，19（3）：261-270.

[139] 罗家德，李智超.乡村社区自组织治理的信任机制初探〔J〕.管理世界，2012（10）：83-93.

[140] 罗剑朝，庸晖，庞玺成.农地抵押融资运行模式国际比较及其启示〔J〕.中国农村经济，2015（3）：84-96.

[141] 马戎."差序格局"——中国传统社会结构和中国人行为的解

读［J］. 北京大学学报（哲学社会科学版），2007，44（2）：131-142.

［142］马贤磊，仇童伟，钱忠好. 农地产权安全性与农地流转市场的农户参与——基于江苏、湖北、广西、黑龙江四省（区）调查数据的实证分析［J］. 中国农村经济，2015（2）：22-37.

［143］马贤磊，沈怡，仇童伟，等. 自我剥削、禀赋效应与农地流转潜在市场发育［J］. 中国人口·资源与环境，2017，27（1）：40-47.

［144］马贤磊. 农地产权安全性对农业绩效影响：投资激励效应与资源配置效应——来自丘陵地区三个村庄的初步证据［J］. 南京农业大学学报（社会科学版），2010（4）：72-79.

［145］毛飞，孔祥智. 农地规模化流转的制约因素分析［J］. 农业技术经济，2012（4）：52-64.

［146］孟召将. 交易费用决定了农地流转契约选择：区域比较研究［J］. 江西财经大学学报，2012（4）：13-20.

［147］聂建亮，钟涨宝. 农户分化程度对农地流转行为及规模的影响［J］. 资源科学，2014，36（4）：749-757.

［148］潘俊. 农村土地"三权分置"：权利内容与风险防范［J］. 中州学刊，2014（11）：67-73.

［149］钱龙，洪名勇，龚丽娟，等. 差序格局、利益取向与农户土地流转契约选择［J］. 中国人口·资源与环境，2015，25（12）：95-104.

［150］钱忠好，冀县卿. 中国农地流转现状及其政策改进［J］. 管理世界，2016（2）：71-81.

［151］邵爽. 工商资本进入农业与土地流转的关系研究［J］. 中国农业大学学报（社会科学版），2015（6）：111-118.

［152］舒尔茨. 改造传统农业［M］. 北京：商务印书馆，2006.

［153］苏力．较真"差序格局"［J］．北京大学学报（哲学社会科学版），2017，54（1）：90-100.

［154］苏群，汪霏菲，陈杰．农户分化与土地流转行为［J］．资源科学，2016，38（3）：377-386.

［155］孙立平．"关系"、社会关系与社会结构［J］．社会学研究，1996（5）：20-30.

［156］孙敏．近郊村的"反租倒包"：三权分置与三重合约［J］．农业经济问题，2020（7）：69-79.

［157］陶富源．社会关系形成中主体向度的契约方式［J］．哲学动态，2013（1）：16-23.

［158］陶江，吴世新，董雯．天山北坡经济带土地利用效益评价［J］．干旱区地理，2009，32（6）：985-990.

［159］田传浩，方丽．土地调整与农地租赁市场：基于数量和质量的双重视角［J］．经济研究，2013（2）：110-121.

［160］田先红，陈玲．"阶层地权"：农村地权配置的一个分析框架［J］．管理世界，2013（9）：75-94.

［161］万俊毅，欧晓明．社会嵌入、差序治理与合约稳定［J］．中国农村经济，2011（7）：14-24.

［162］汪险生，郭忠兴．土地承包经营权抵押贷款：两权分离及运行机理——基于对江苏新沂市与宁夏同心县的考察［J］．经济学家，2014（4）：49-60.

［163］王德福．自己人结构与农民交往逻辑的区域差异［J］．华中科技大学学报（社会科学版），2013（3）：28-30.

［164］王克强，赵露，刘红梅．城乡一体化的土地市场运行特征及利

益保障制度［J］．中国土地科学，2010，24（12）：52-57．

［165］王麒麟，根锁，鬼木俊次．农牧户土地租赁行为的数理与实证分析［J］．中国农业经济评论，2007，5（3）：292-303．

［166］王珊，洪名勇，钱文荣．农地流转中的政府作用与农户收入——基于贵州省608户农户调查的实证分析［J］．中国土地科学，2020，34（3）：39-48．

［167］王婷，李放．中国养老保险政策变迁的历史逻辑思考［J］．江苏社会科学，2016（3）：72-78．

［168］王小映．"三权分置"产权结构下的土地登记［J］．农村经济，2016（6）：3-7．

［169］王岩，石晓平，杨俊孝．农地流转合约方式选择影响因素的实证分析——基于新疆玛纳斯县的调研［J］．干旱区资源与环境，2015，29（11）：19-24．

［170］王岩，万举．自组织合约治理视阈下农地经营权抵押机理研究——基于宁夏同心县的调研［J］．农林经济管理学报，2021，20（3）：376-383．

［171］王岩，杨俊孝．基于新疆玛纳斯县农户调查的农地流转问题分析及建议［J］．国土资源科技管理，2012，29（3）：91-92．

［172］王岩，杨俊孝．西部地区农村劳动力转移对农用地流转意愿的影响——以新疆玛纳斯为例［J］．干旱区地理，2015，38（2）：411-419．

［173］王岩．差序治理、政府介入与农地经营权流转合约选择——理论框架与经验证据［J］．管理学刊，2020，33（5）：12-25．

［174］王岩．农地经营权抵押贷款为何难以实现：一个综合分析视角［J］．商丘师范学院学报，2016（6）：47-52．

[175] 文军. 从生存理性到社会理性选择：当代中国农民外出就业动因的社会学分析 [J]. 社会学研究, 2001 (6)：19-30.

[176] 吴学兵, 尚旭东, 何蒲明. 有偿抑或无偿：政府补贴、农户分化与农地流转租金 [J]. 经济问题, 2021 (12)：59-66.

[177] 夏玉莲, 曾福生. 农地流转效益、农业可持续性及区域差异 [J]. 华中农业大学学报（社会科学版）, 2014 (2)：100-106.

[178] 肖诗顺, 高锋. 农村金融机构农户贷款模式研究——基于农村土地产权的视角 [J]. 农业经济问题, 2010 (4)：14-18.

[179] 肖卫东, 梁春梅. 农村土地"三权分置"的内涵、基本要义及权利关系 [J]. 中国农村经济, 2016 (11)：17-29.

[180] 徐玉婷, 杨钢桥. 不同类型农户农地投入的影响因素 [J]. 中国人口·资源与环境, 2011 (3)：106-112.

[181] 许恒周, 郭玉燕, 石淑芹. 农民分化对农户农地流转意愿的影响分析——基于结构方程模型的估计 [J]. 中国土地科学, 2012, 26 (8)：74-79.

[182] 许庆, 尹荣梁, 章辉. 规模经济、规模报酬与农业适度规模经营——基于我国粮食生产的实证研究 [J]. 经济研究, 2011 (3)：59-71.

[183] 闫丽娟, 王瑞芳. 农民的道义经济和发展抗争——一个西北少数民族村落的征地谈判个案分析 [J]. 西南民族大学学报（社会科学版）, 2012 (9)：53-58.

[184] 杨奇才, 谢璐, 韩文龙. 农地经营权抵押贷款的实现与风险 [J]. 农业经济问题, 2015 (10)：4-11.

[185] 杨群. 土地流转的变迁及发展趋势 [J]. 生态经济, 2011 (1)：58-61.

［186］杨遂全，韩作轩，涂开均．"三权分置"下的农地流转主体：激励约束、利益冲突与行动策略［J］．农村经济，2020（1）：16-23.

［187］杨子砚，文峰．从务工到创业——农地流转与农村劳动力转移形式升级［J］．管理世界，2020，36（7）：171-185.

［188］姚洋．土地、制度和农业发展［M］．北京：北京大学出版社，2004.

［189］叶剑平，丰雷，蒋妍，等．2008年中国农村土地使用权调查研究——17省份调查结果及政策建议［J］．管理世界，2010（1）：64-73.

［190］叶兴庆．从"两权分离"到"三权分离"——我国农地产权制度的过去与未来［J］．中国党政干部论坛，2014（6）：7-12.

［191］易宪容．交易行为与合约选择［M］．北京：经济科学出版社，1998.

［192］尹亚军．通过合同的治理——克服农地流转困境的助推策略［J］．社会科学研究，2019（6）：73-86.

［193］游和远，吴次芳，鲍海君．农地流转、非农就业与农地转出户福利——来自黔浙鲁农户的证据［J］．农业经济问题，2013（3）：16-25.

［194］游和远，吴次芳．农地流转、禀赋依赖与农村劳动力转移［J］．管理世界，2010（3）：65-75.

［195］于传岗．我国政府主导型农地大规模流转演化动力分析［J］．农村经济，2012（10）：31-34.

［196］臧俊梅，王万茂，朱亚夫等．我国农地利用经济效益的东、中、西部差异比较分析［J］．农村经济，2006（1）：39-42.

［197］曾庆芬．合约视角下农地抵押融资的困境与出路［J］．中央财经大学学报，2014（1）：42-47.

［198］詹姆斯·C. 斯科特．农民的道义经济学：东南亚的反叛与生存［M］．南京：译林出版社，2016.

［199］张东海，任志远，冯雪铭，等．中国西部社会、经济与生态的协调发展时空变化［J］．干旱区地理，2013，36（3）：545-552.

［200］张国磊，陶虹伊，黎绮琳．"零租金"交易可以降低农地抛荒率吗？——基于粤中B村的调研分析［J］．农村经济，2021（1）：46-53.

［201］张红宇，刘玫，王晖．农村土地使用制度变迁：阶段性、多样性与政策调整［J］．农业经济问题，2002（2）：12-20.

［202］张建，诸培新，王敏．政府干预农地流转：农户收入及资源配置效率［J］．中国人口·资源与环境，2016，26（6）：75-83.

［203］张建雷，王会．土地的道义经济：农村土地流转问题再认识——基于安徽省L村的实证调查［J］．学术论坛，2014（5）：108-113.

［204］张兰，冯淑怡，陆华良，等．农地规模经营影响因素的实证研究——基于江苏省村庄调查数据［J］．中国土地科学，2015，29（11）：32-39.

［205］张兰，冯淑怡，陆华良．农地规模化经营的形成机理：基于农户微观决策视角［J］．江海学刊，2016（5）：67-73.

［206］张五常．新制度经济学的现状及其发展趋势［J］．当代财经，2008（7）：5-9.

［207］张晓平，崔燕娟，周日泉．农村土地"三权分置"下承包经营权价值评估研究［J］．价格理论与实践，2017（7）：62-65.

［208］赵金颖，雷轩，王文露．威廉姆森分析范式下农地经营权抵押贷款问题研究——以山东枣庄市为例［J］．国土与自然资源研究，2016（1）：7-13.

［209］赵攀奥，陈利根，龙开胜．土地经营权入股合作社的基本内涵、功能价值与制度构建［J］．农业现代化研究，2017，38（2）：250-257.

［210］赵其卓，唐忠．农用土地流转现状与农户土地流转合约选择的实证研究［J］．中国农村观察，2008（3）：13-19.

［211］赵阳．共有与私用：中国农地产权制度的经济学分析［M］．北京：北京三联书店，2007.

［212］赵雲泰，黄贤金，陈志刚，等．基于DEA的中国农地非农化效率及其变化［J］．长江流域资源与环境，2011，20（10）：1228-1234.

［213］钟契夫．资源配置方式研究——历史的考察和理论的探索［M］．北京：中国物价出版社，2000.

［214］钟文晶，罗必良．契约期限是怎样确定的？——基于资产专用性维度的实证分析［J］．中国农村观察，2014（4）：42-51.

［215］朱道林．"三权分置"的理论实质与路径［J］．改革，2017（10）：115-119.

［216］朱冬亮，赵威．从家庭伦理到社区契约：农地流转实践逻辑演变［J］．南京社会科学，2021（6）：97-107.

［217］诸培新，张建，张志林．农地流转对农户收入影响研究——对政府主导与农户主导型农地流转的比较分析［J］．中国土地科学，2015，29（11）：70-77.

［218］邹宝玲，罗必良．农地流转的"差序格局"及其决定——基于农地转出契约特征的考察［J］．财经问题研究，2016（11）：97-107.

［219］邹伟，崔益邻，周佳宁．农地流转的化肥减量效应——基于地权流动性与稳定性的分析［J］．中国土地科学，2020，34（9）：48-57.

后　记

　　本书是在我的博士学位论文基础上修改而成的。回首自己博士阶段的求学之路，内心思绪万千，百感交集。

　　衷心感谢恩师石晓平教授对我的接纳与培养。记得自己还在新疆农业大学读硕士之时，就和石老师取得了联系，希望可以报考石老师的博士生，当考博成绩公布，得知自己英语没有过线时，内心非常失落，清楚记得当时石老师电话中跟我说"不就是一次考试嘛，考试不可能总是成功，你明年接着考就是了"。石老师以这样的方式鼓励着我，我也决定自己要更加努力。经历了第二次考博，我终于在2013年9月如愿成了石老师的一名博士生，感谢石老师对我的接纳，能够让我在土地资源管理这一国家重点学科平台上继续自己的学业。石老师知识渊博、治学严谨，学养深厚，两周一次的师门读书会上，每次轮到自己汇报时总是无比忐忑，石老师一针见血的"麻辣点评"方式犹如一颗颗"精确制导导弹"，瞬间就戳到了我的"软肋"，正因如此，我发现问题和解决问题的能力于无形中不断得到提升。石老师总能以最简单、朴素的话语让我明白复杂问题背后的逻辑和机理。从论文的选题与构思，到最终定稿无不凝聚着石老师的思想与心血，每当我遇到困难之时石老师总是鼓励我"不要轻易去否定自己……""找到存在的问题，然后去解决……""（论文进展）得抓紧呀"。论文得以完成，石老师的谆谆教导和包容之心学生始终铭记于心。

同时，感谢马贤磊教授对我论文的直接指导。论文能够完成，得益于马贤磊教授的悉心指导，从论文框架的构建到每一章实证内容的论证、构思甚至是计量方法的选取都是经过与马老师的多次讨论才最终确定，感谢马老师为我付出的大量心血，更感谢马老师对我的包容。当我还在读硕士阶段时就结识了饶芳萍博士后，我读博士时她是我的同门师姐，她逐字逐句地对我的论文提出修改意见，经常看到饶芳萍博士后在我的论文中添加密密麻麻的批注，谢谢饶师姐为我论文的完成投入的大量时间和心血。周月鹏博士后也对我论文的完成提出了修改意见，在此一并致谢。

感谢南京农业大学公共管理学院为我提供了一个优质的学习平台。非常感谢学院各位老师在预开题、开题、预答辩、答辩、行知学术论坛等诸多环节给予我的指导与帮助，感谢老师们在授课时的答疑解惑，指引我一步步去探索未知。由衷感谢王万茂教授、欧名豪教授、陈利根教授、冯淑怡教授、诸培新教授、吴群教授、郭忠兴教授、刘友兆教授、郭贯成教授、邹伟教授、唐焱教授、欧维新教授、陈会广教授、姜海教授、谢勇教授、蓝菁副教授、龙开胜副教授、郭杰副教授、刘琼副教授、刘向南副教授、张树峰副书记、蔡薇老师、杨海峰老师、朱鹏老师、颜玉萍老师、刘泽华老师等在学业和生活上的关心和帮助。还要感谢经管学院曾为我授课的钟甫宁教授、朱晶教授、周应恒教授、周曙东教授、徐志刚教授、林光华教授、李祥妹教授、易福金教授以及人文学院的姚兆余教授。

另外，在南京农业大学共同学习和生活过的师兄师姐、师弟师妹在学习和生活上也给予了我很多帮助，他们是夏莲、唐鹏、吉登艳、上官彩霞、周长江、李青乘、陈前利、周来友、陈姝洁、张志林、李成瑞、何方、王珏、关长坤、高燕、肖泽干、魏子博、高富岗、杨子、居祥、刘艳、仇童伟、王顺然、杨润慈、唐亮、吴一恒、陆凤平、郎海如、周冬、徐青、陈娟、邓威风、赵伟、李檬、孙洁、阿布都热合曼·阿布迪克然木、肖芳、袁思言、史艳华、程继东、卢雨蓓、邹旭、焦科文、全娇娇，有他们的关心与鼓励，使我坚定信心、砥砺前行，感谢他们陪我走过了这段艰难、充实的日子，祝他们一切顺利。同时，感谢同窗李宁、文博、王博、张耀宇、吕沛璐、孟霖、王敏、丁琳琳、刘慧芳；感谢室友聂雷、邵子南、高君；感谢我的好友张夏力、刘志有、杨事名、任昭明、田甜、王坤鹏、王飞，与他们的交流让我感到愉快舒心。

感谢我的硕导杨俊孝教授，虽然杨老师远在乌鲁木齐，但杨老师仍十分关心我的学业与发展，在我遇到困难时，总是打来电话鼓励并激励着我前行。感谢本科阶段刘波涛、陈伟强、孟庆香、冯新伟、施卫杰、王玲、席桂萍等老师对我的帮助与支持。

感谢我亲爱的父母与亲人对我无私的爱与奉献。我本科就读于河南农业大学，硕士就读于新疆农业大学，再到南京农业大学攻读博士学位，东部、中部、西部的求学经历使我内心时常有种幻觉。从18岁一直到而立之年，自己一直在外漂着，作为独生子，陪伴父母的时间实在太少，我想我还是违背了"父母在，不远游"的古训，但好在这里的"远游"是有方向的，所谓"父母在，不远游，游必有方"。父母对我的无条件支持，使我一路坚持走到现在，即使是在最困难的时候，父亲也总会语重心长地对我说"只要你尽了本分，不管结局如何，都可以问心无愧了"，我想一个人要守住"本分"并不是说"故步自封"，也非"安分守己"，而是要时刻记住自己的使命，毕竟"赶路要紧"。读博期间感谢女友露馨的支持、鼓励、包容与体谅，我们虽相隔700公里，但每天的电话联系与互诉衷肠，陪伴我一起面对学业和生活中的所有困难和压力，偶尔的相见亦是我前行的动力源泉，曾是初中"同桌的你"，两年半的异地恋情使我坚信有她才幸福，恰是这段岁月的累积与彼此的惦念，让我更懂得珍惜与相守，感恩有她相伴。在我博士毕业后我们即刻走进了婚姻殿堂，女友正式成为我挚爱的妻子，而后又有了爱情的结晶王浩宸小朋友！

　　还要感谢经济管理出版社编辑老师为本书得以正式出版付出的努力。

　　前途光明，道路曲折，不忘初心，继续前进！

　　与学术真诚对话，与感恩一路同行！

王　岩

2022 年 1 月于郑州